KB123031

세금 폭탄

알면 피하고, 모르면 당한다

세금 폭탄

알면 피하고, 모르면 당한다

초판 1쇄 인쇄 2020년 03월 15일 I **초판 1쇄 발행** 2020년 03월 20일
지은이 나경애 I **펴낸이** 오광수 외 1인 I **펴낸곳** 새론북스
주소 서울특별시 용산구 한강대로 76길 11-12 5층 501호
전화 02)3275-1339 I **팩스** 02)3275-1340
출판등록 제2016-000037호
e-mail jinsungok@empas.com
ISBN 978-89-93536-59-1 03320

"누구나 한 번만 해 보면 너무 쉬운 세금 신고!"

세금 폭탄

알면 피하고

모르면

나경애 지음 당한다

새론북스

프롤로그

세금에 대한 많은 사장님들의 일반적인 생각은 복잡하고 어려운 것이라고 여깁니다. 전문가들은 또 이렇게 얘기합니다.

"잘 모르는 건 전문가에게 맡기고 본업에 충실하세요."

저는 이 말에 추호도 의심없이 세무대리인에게 맡기고 사업에 충실하였습니다. 운이 좋게도 사업은 날로 번창하였습니다. 매출이 커지니 세금도 당연히 늘어났습니다. 어느날 세무대리인에게 전화가 옵니다.

"사장님, 이번 부가세는 금액 좀 나오겠는데요."

작년보다 매출이 두 배 이상 늘었으니 세금도 두 배 정도 나오려나. 단순하게 생각하고 안일하게 대처했습니다. 결과는 천만 원 이상의 부가세를 납부하였고 첫 번째 세금 폭탄을 경험했습니다. 세금 폭탄을 경험하고 어디서 들은 말은 있어서 증빙이 무엇인지도 모른 채 영수증은 정말 악착같이 챙겼습니다. 세금 신고 전에 세무대리인에게 건네준 영수증만 엄청난 부피였습니다.

'이번엔 터무니없이 나오지 않겠지.'

세금을 계산하는 방법도 모른 채 영수증만 열심히 챙겼습니다. 그런데 두 번째 세금 폭탄을 맞았습니다. 종합소득세가 5천만 원도 넘게 나온 것입니다. 정말 하늘이 노래졌습니다. 사업의 시작과 동시에 세무대리인을 고용했고 그들이 시키는 대로 했을 뿐인데 엄청난 세금을 두드려 맞고 이건 아니구나라고 생각했습니다.

그때부터 세금 공부를 시작했습니다. 서점으로 달려가 부가가치세 신고 관련한 책부터 샀습니다. 그런데 책을 몇 페이지 넘기지도 않았는데 막혀 버립니다.

국세부과제척기간, 매출세액, 매입세액, 과세표준 등 생전 처음 보

는 단어들의 공격이 시작되었습니다.

'뭐가 이렇게 어려워.'

지금 와서 돌이켜 생각해 보면 단어가 낯설었던 것입니다.
결론부터 얘기하자면 중학생인 아들 녀석도 부가가치세 계산은
할 수 있다는 것입니다. 낯선 단어의 연속으로 어렵게 보일 뿐이지
전혀 어렵지 않습니다.

세금 폭탄을 몇 차례 경험하고 정말 미친 듯이 공부를 했습니다.
지금은 세무대리인에게 신고를 의지하지 않습니다. 먼저 계산해 보
고 그들이 바르게 처리를 했는가 확인을 합니다. 계산한 금액과 차
이가 나면 그 이유가 무엇인가를 살펴봅니다. 전보다 매출은 늘었고
같은 세무대리인을 여전히 고용하고 있는데 세금은 오히려 줄었습
니다. 사장님들이 기본적인 지식은 숙지를 해야 합니다. 그것이 절
세의 시작입니다.

예전의 저와 같은 세금 무식자들을 위해 최대한 쉽게 적었습니다. 만약 읽어도 이해가 안 되는 부분이 있으면 천천히 몇 번만 반복해서 읽어보세요. 낯선 단어를 이기는 방법입니다. 딱 이 정도만 알면 당신은 세금 폭탄을 경험하지 않을 것입니다.

차례

I. 사칙연산만 알면 누구나 계산할 수 있다!

1. 개인사업자 세무상식

contents

차례

II. 한 번만 해 보면 쉽다

1. 개인사업자 노무상식

contents

차례

I

사칙연산만
알면
누구나
계산할 수 있다

사칙연산만 알면 누구나 계산할 수 있다

맡기기만 하면 절세는 저절로 되는 줄 알았습니다. 그것이 세무대리인을 고용한 이유였고 전 세금에 대한 신경을 껐습니다. 사장님들을 상담해 보면 예전의 저와 같은 생각을 하고 있는 분들이 대다수입니다. 알고 있나요?

세금 폭탄을 맞아도 아무도 책임져 주지 않습니다. 고스란히 사업주가 책임을 져야 합니다. 개인사업자 세무 공부는 반드시 필요합니다. 선택의 문제가 아니고 필수적으로 해야 하는 것입니다. 초창기 창업 비용을 제외하고 가장 큰 지출이 세금이라고 합니다. 이렇게 큰 지출임에도 많은 사장님들이 귀찮고 어렵다는 핑계로 세무 공부를 모르는 척해 버립니다. 세무대리인이 알아서 절세를 해 주겠지라고 믿고 있다가 신고 날이 임박해서 예측 못한 세금으로 곤혹스러워합니다. 시쳇말로 세금 폭탄을 맞고 나서 세무 공부의 필요성을 느낍니다.

"난 분명 세무대리인을 쓰고 있었는데, 세금이 왜 이렇게 많이 나온 거야?"

안정적으로 사업체를 운영하려면 세무와 노무에 대한 지식은 필수입니다. 세금은 지출이 큰 금액이기에 신고 전에 미리 부가가치세, 원천세, 종합소득세 등을 계산해 보고 준비해야 자금 운영에 차질이 생기지 않습니다. 초보창업자들은 부가가치세나 종합소득세에 대한 사전 지식이 전무합니다. 사전 지식 없이 사업체를 운영하다 보면 유동성 위기에 빠질 수도 있습니다. 세금은 사후적으로 신고 기간에 챙기는 것이 아닙니다. 평소에 관심을 가지고 미리 관리를 해야 하는 분야입니다.

만약 우리가 세무사나 회계사 시험공부를 한다면 조금 다른 문제일 수도 있으나 세금을 신고하는 방법만 알면 됩니다. 참 다행인 것은 세금 신고를 배우기 위해서는 중학생 정도의 지식 수준만을 요구한다는 것입니다. 만약 당신이 사칙연산에 자신이 없다면 이 책을 덮으세요.

1

개인사업자 세무상식

두 개의 세금만 알면 된다

우리나라의 세금에는 총 25가지가 있습니다. 아래에 나열해 보겠습니다.

1. 소득세 2. 법인세 3. 상속세 4. 증여세 5. 종합부동산세
6. 부가가치세 7. 개별소비세 8. 주세 9. 인지세 10. 증권거래세
11. 교육세 12. 교통에너지환경세 13. 농어촌특별세 14. 관세
15. 취득세 16. 등록면허세 17. 레저세 18. 지방소비세
19. 담배소비세 20. 주민세 21. 지방소득세 22. 재산세
23. 자동차세 24. 지역자원시설세 25. 지방교육세

세금은 크게 세 가지의 기준으로 분류가 됩니다. 첫 번째는 세금을 부과하는 주체(과세권자)에 관한 것입니다. 과세권자가 국가인 경우에는 국세, 지방자치단체인 경우에는 지방세라고 합니다. 1번에서 14번까지는 국세이고, 15번부터 25

번까지는 지방세입니다. 국세는 각 지역의 세무서에 세금을 납부하고, 지방세는 각 지역의 관할 기관인 시청, 구청, 군청 등에 납부를 하면 됩니다.

두 번째는 특별한 목적을 위하여 사용되는 세금을 목적세, 그 외에 일반적으로 사용되는 세금을 보통세라고 합니다. 11번, 12번, 13번, 24번, 25번이 목적세이고, 나머지는 일반세입니다.

세 번째는 세금을 부담하는 사람과 세금을 납부하는 사람이 같은 경우에는 직접세, 다른 경우에는 간접세라고 합니다. 대표적인 직접세는 1번에서 5번까지이고, 대표적인 간접세는 12번, 19번, 6번에서 10번까지 입니다.

사업을 하게 되면 세금을 신고, 납부할 의무가 생깁니다. 25가지의 세금 중에서 신경을 써야 하는 세금은 부가가치세, 종합소득세입니다. 딱 이 두 가지만 배우면 됩니다. 세금을 계산하고 신고하는 방법을 배우는 것은 생각만큼 어렵지 않습니다. 초행길은 언제나 멀게 느껴집니다. 때로는 길을 잘못 들어 한참을 돌아가기도 합니다. 그러나 몇 번 반복해서 가다 보면 익숙해집니다. 그리고 빨리 정확하게 갑니다.

이런 경험은 다들 있으시죠? 초행길은 단지 낯설 뿐입니다. 낯섦을 극복하는 방법은 몇 번 반복해 보는 것입니다. 그러면 익숙해집니다. 세금 신고도 마찬가지입니다. 초행길이 어려워서 못 가는 것이 아니라 낯설어서 어려워 보일 뿐입니다. 세금, 세무라는 단어가 주는 무게감 때문에 시도조차 하지 않는 사람들이 제법 있습니다.

우리는 세무사, 회계사가 되려고 공부하는 것이 아닙니다. 단지 세금 신고를 잘하는 방법을 배워서 절세를 목적으로 배우는 것이기에 대단한 지식이 필요하지 않습니다.

세금은 당신이 아는 만큼 줄어듭니다. 초행길은 단지 낯설 뿐입니다. 이제 저와 같이 하나하나 알아가 볼까요. 세금은 아무에게나 걷는 것이 아니라 특정 요건을 충족한 경우에만 발생합니다. 이러한 특정 요건을 과세 요건이라고 합니다. 과세 요건은 아래와 같이 네 가지가 있습니다.

납세의무자 – 세금을 납부할 의무가 있는 대상
과세대상 – 세금이 부과되는 대상
과세표준 – 과세대상의 크기
세율 – 세액을 구하기 위해 과세표준에 곱하는 비율

세금에 관해 무관심하게 만드는 주범

> 지금 1달러를 가지고 있고 이 돈을 20년 동안 매년 두 배로 늘릴 수 있다고 가정해 보자. 1년 후 1달러는 2달러. 2년 후 2달러는 4달러, 3년 후 4달러는 8달러. 4년 후 16달러로 늘어난다. 그럼 20년 후에는 얼마가 되어 있을까? 1달러는 복리의 마법을 통해 20년 만에 104만 8,576달러가 된다. 이제 여기서 세금을 계산해 보자. 매년 세금 33%를 낸다면 20년 뒤 계좌에 남게 되는 돈은 2만 8,000달러다. 놀랍지 않은가?
>
> – 머니 Money Master The Game –

매년 돈이 두 배로 늘어도 복리가 붙기 전에 세금이 빠져나가면 20년 뒤 통장의 잔고는 28,000달러가 됩니다. 터무니없다구요? 그렇다면 한번 계산해 볼까요?

1달러가 세금을 떼지 않으면 1년 뒤 2달러가 되는데, 세금을 떼게 되면 1달러 + 0.67달러(1달러의 33% 세금을 공제한 후 금액) = 1.67달러가 계산됩니다.

같은 계산법으로 2년 뒤에는 1.67달러 + 1.18달러 = 2.85달러(세금을 공제하지 않았으면 4달러), 3년 뒤에는 약 4.76달러(세금을 공제하지 않았다면 8달러), 4년 뒤에는 7.94달러(세금을 공제하지 않았다면 16달러), 5년 뒤에는 13.25달러(세금을 공제하지 않았다면 32달러), 6년 뒤에는 22.12달러(세금을 공제하지 않았다면 64달러) 같은 방식으로 계산을 하면 20년 뒤에는 세금으로 100만 달러가 넘는 금액이 사라지게 됩니다. 이래도 세금에 대해 무관심해야 할까요?

근로소득자는 매월 급여에서 정해진 세금이 빠져나갑니다. 그런데 어떤 세금이 어떤 이유에서 빠져나가는 것인가를 아는 사람들은 많지 않아요. 심지어 별로 관심이 없습니다. 세금은 어려우니 알려고 하지도 않죠.

근로소득자의 급여에서 미리 세금을 떼는 것을 '원천징수'라고 합니다. 회사는 직원들의 급여에서 원천징수한 금액을 모아서 국세청에 대신 납부를 합니다.

자신이 직접 세금을 납부하지 않고 타인이 납부를 하는 세금을 간접세라고 합니다. 다음 장에서 얘기하는 부가가치세도 사장님이 직접 세금을 납부하는 것이 아니고 치킨집 사장이 손님들의 부가가치세를 모아서 납부를 하기에 부가가치세도 간접세입니다.

그렇다면 내야 할 세금을 자신이 직접 납부하는 것을 직접세라고 하는 것은 쉽게 이해가 갈 것입니다. 사업을 하게 되면 소득에 대한 세금, 즉 종합소득세를 신고, 납부하는데, 종합소득세는 자신이 직접 신고하고 납부하기에 직접세가 됩니다. 정리하면 부가가치세는 간접세, 종합소득세는 직접세인 것입니다.

간접세는 국가의 입장에서는 세금징수의 효율성과 신고 누락을 사전에 방지하여 국가 세수를 조기에 확보하는 장점이 있습니다. 그리고 간접세만의 묘한 장점이 있습니다. 아래를 한번 읽어볼까요.

많은 사람들이 물건값에 세금이 포함되어 있지만 세금 따로 물건값 따로 생각하지 않고 전체를 물건값으로 생각합니다. 국가 입장에서는 얼마나 다행스러운 사고 방식인가요?

간접세는 자신이 직접 세금을 납부하지 않기에 국가의 입장에서는 큰 조세 저항 없이 손쉽게 세수를 확보할 수가 있는 것입니다.

간접세는 세금에 대해 무관심하게 만드는 주범인 것이죠. 매월 받는 급여에서도, 무심코 사먹는 커피에서도 자신도 모르는 사이에 세금은 빠져나가는 것입니다.

세무라는 단어가 주는 무게감으로 사람들은 막연히 어려워합니다. 앞에서도 얘기했듯이 용어가 어려울 뿐이에요. 용어는 자주 접하면 친해지게 됩니다.

이 글을 읽고 있을 당신은 한글은 당연히 깨우쳤을 것이고, 사칙연산은 무난히 할 것이며, 분수, 퍼센트(%)에 대한 개념 정도는 알고 있죠. 그렇다면 세무를 공부하는데 아무런 문제가 되지 않습니다. 최대한 쉽게 집필하였으니 저를 믿고 잘 따라와 주길 바랍니다.

사업의 역설

사장님들이 세금에 대해서 관심이 없고 알려고도 하지 않는다면 결과는 세금 폭탄을 맞든지 아니면 쓸데없는 돈을 낭비하든지 둘 중 하나입니다.

돈을 벌기 위해서 창업을 하는데 세금에 대해서 무관심하면 돈을 잃는 꼴이 되어 버립니다. 이 또한 사업의 역설이에요. 세무 지식 없이 무작정 창업을 하고 매출에만 전념을 다합니다. 그러다 보니 창업을 하기 전에 투자한 많은 돈이 비용 처리가 된다는 사실도 모릅니다. 시쳇말로 헛돈 쓴 것입니다. 세무 지식은 많은 돈을 아껴 줍니다. 번 돈도 번 것이지만 아끼는 것 또한 번 것입니다.

사람이 태어나면 출생 신고를 하듯이 창업을 하게 되면 사업자등록 신고부터 합니다. 사업자등록을 하는 순간 바로 세금이 나오는 줄 아는 사람도 많은데 개인사업자의 세금은 법으로 과세기간, 신고기간이 구분되어져 있습니다. 그러므로 사업자등록을 한다고 바로 세금이 나오는 것은 아닙니다. 사업자등록은 빠르면 빠를수록 좋습니다. 세법에서는 사업개시일 후 20일 이내에 하게 되어 있습니다.

개인사업자의 세금(부가가치세, 종합소득세) 계산법을 간단히 설명하면 '번 돈에서 벌기 위해 쓴 돈을 빼는 방식'입니다. 간단하지요.

개인사업자의 세금(부가가치세, 종합소득세)＝
번 돈－벌기 위해 쓴 돈

벌기 위해 쓴 돈이 많으면 많을수록 세금은 적게 나옵니다. 그런데 벌기 위해 쓴 돈을 무조건 빼주는 것이 아니고 적격한 증빙에 의해서만 처리가 됩니다. 적격증빙을 발급받기 위해서는 당연히 사업자등록증이 필요하기 때문에 사업자등록 신고는 빠르면 빠를수록 좋은 것입니다.

사업자등록 신청은 사업장 주소지를 기준으로 관할 세무서를 방문하여 민원봉사실에 비치된 사업자등록 신청서를 작성해서 제출하면 됩니다. 세무서를 방문하지 않고 홈택스를 통해서 인터넷으로도 신청이 가능합니다.

"과세 기간은 뭐고 신고 기간은 또 무엇인가요?"

'과세'는 세무서에서 세금을 부과하는 것을 말합니다. '과세 기간'은 종합소득세, 부가가치세 등과 같이 일정한 기간의 과세표준을 계산하게 되는 시간적 단위를 말합니다. 예를 들면 종합소득세 과세 기간은 전년도 1월 1일부터 12월 31일까지이고, 부가가치세는 1월 1일부터 6월 30일까지를 제1과세 기간, 7월 1일부터 12월 31일까지를 제2 과세 기간으로 규정하고 있습니다.

'신고 · 납부 기간'은 종합소득세, 부가가치세를 신고하고 납부하는 기간을 말합니다. 예를 들면 종합소득세는 5월 1일부터 5월 31일까지, 부가가치세는 1월 1일부터 1월 25일까지, 7월 1일부터 7월 25일까지입니다.

윗글을 보아 알 수 있듯이 과세 기간과 신고 · 납부 기간이 구분되어 있기에, 세금 신고를 앞둔 상황에서는 어쩔 방법이 없습니다. 그러므로 절세는 신고 기간을 앞두고 세무대리인이 하는 것이 아니고, 매입을 하는 그 순간 순간이 됩니다.

그러므로 미리미리 세무상식을 알아가는 것이 매우 중요합니다. 만약 세금신고를 신고 기한 내에 하지 않으면 가산세가 부과됩니다. 창업을 하는 이유가 돈을 버는 것이 목적인데 신고 기한을 놓쳐 가산세를 추가로 납부하면 이 또한 창업을 한 목적에 어긋납니다.

세법에서는 납부할 세금이 없어도 신고는 반드시 해야 한다고 규정하고 있습니다. 무실적신고를 해야 실적이 없다는 것을 증명할 수 있게 됩니다. 실적이 없다고 신고를 안 하게 되면 국세청에서는 실적이 없는가를 알 수 없으므로 무신고자로 간주해 버립니다.

개인사업자로 창업을 하면 부가가치세와 종합소득세를 신고, 납부할 의무가 생깁니다. 부가가치세는 1년에 두 번 1월과 7월, 종합소득세는 5월에 신고한다는 사실을 반드시 기억해두세요. 세금신고를 신고 기한 내에 하는 것도 절세입니다.

사장님의 통장 관리법

통장의 여백을 잘 활용하면 좋습니다. 사업자의 통장은 입출금에 대한 가장 공신력 있는 증빙자료 중에 하나입니다. 이러한 통장을 보다 효율적인 증빙자료로 쓰기 위해서는 통장의 여백에 적요를 적는 것입니다. 적요는 일종의 메모, 참고사항 같은 것입니다.

사업 규모가 작을수록 한 통장에서 회사 돈과 개인 돈이 같이 쓰이는 경우가 많은데, 평소에 연필이나 볼펜으로 통장의 여백에 적요를 적는 습관이 되어 있다면 통장이 확실한 소명용 장부가 될 수 있습니다.

세무대리인들은 통장의 입금을 무조건 매출대금이 들어온 것으로 생각할 수 있으니, 적요가 불분명한 입출금의 적요에는 꼭 주석을 달아놓는 습관을 들이는 것이 좋습니다. 별도의 세금통장을 만들어 보길 권합니다.

개인사업자의 세금은 부가가치세와 종합소득세가 있습니다. 아래의 한 사례를 들어 대략의 부가가치세와 종합소득세를 계산해 보겠습니다.

일반과세 음식점을 운영하는 김 사장님이 통닭을 11,000원에 팔고 그 재료비가 3,300원이 들었고, 인건비를 포함한 필요경비가 3,000원 들었다는 가정하에 계산해 보겠습니다. 소득 공제, 세액 공제는 생략하고, 세율은 6%로 계산하겠습니다.

부가가치세=매출세액－매입세액=1,000원－300원=700원
(부가가치세 계산법은 54쪽에 자세히 나와있습니다. 인건비는 과세상품이 아니므로 부가가치세랑은 상관이 없고 종합소득세 필요경비로 처리가 됩니다.)
종합소득세=(매출액－매입액－필요경비)×6%=(10,000원－3,000원－3,000원)×6%=240원

김 사장님의 총 세금 부담액은, 부가가치세 + 종합소득세 =700원＋240원=940원이 됩니다. 물론 세율이 늘어나면 종합소득세가 커질 것입니다. 대략 매출의 10% 정도를 별도의 통장으로 관리해 두면, 세금 납부 시 목돈에 대한 지출 부담

도 줄 것이고, 순수익 계산 시에도 편리할 것입니다. 부가가치세, 종합소득세의 계산법은 다음 장에서 더 쉽게 설명하겠습니다.

통장 관련해서 알아야 할 것이 하나 더 있습니다. 사업자 통장은 빨리 개설할 필요가 없습니다. 사업을 시작함과 동시에 사업자카드를 만들고 사업자통장을 개설하는 것이 당연시되어 있는데, 해서 나쁠 건 없지만, 우선순위는 이게 아닙니다. 그럼 사업용 계좌는 무엇이고 어떤 경우에 개설해야 하는가를 살펴보겠습니다.

▶ 사업용 계좌

사업과 관련하여 거래대금을 금융기관을 통하여 지급하거나 지급받을 때 사업용과 비사업용으로 분리하여 사업 관련 금융거래는 신고된 사업용 계좌를 사용하는 제도

▶ 사업용 계좌 신고대상 사업자

개인사업자 중 복식부기 의무자
전문직 사업자(변호사업, 변리사업, 법무사업, 세무사업, 공인회계사업, 건축사업, 수의사업 등)

▶ 사업용 계좌 신고기한

복식부기 의무자는 복식부기 의무자에 해당하는 과세 기간의 개시일부터 5개월 이내.
사업 개시와 동시에 복식부기 의무자에 해당하는 전문자격사 등의 경우에는 다음 과세 기간 개시일부터 5개월 이내.

▶ 사업용 계좌 미사용 미개설 가산세

사업용 계좌를 사용하지 않은 경우 - 사용하지 아니한 금액의 2/1,000
사업용 계좌를 개설, 신고하지 않은 경우 - 신고하지 아니한 기간의 수입금액의 2/1,000

▶ 사업용 계좌 신고 방법

서면신고
홈텍스신고(신청/제출란의 사업용 계좌 개설 관리)

사업용 계좌는 사업장 별로 각각 개설해야 합니다. 사업에 관련한 공과금(전기요금, 통신비 등)은 사업용 계좌를 통해 자동이체를 해야 합니다.

식당을 하는 김 사장님, 작년 매출액이 2억 원이어서 올해

부터는 복식부기 의무자가 되었습니다. 그러면 올해 1월~6 월 말까지 사업용 계좌에 대한 개설 신고를 해야 합니다. 사업용 계좌는 종합소득세 신고 기간에 변경하거나 추가할 수 있습니다.

사업자간에 주고받는 영수증

앞장에서 개인사업자의 세금을 계산하는 방법은 번 돈에서 벌기 위해 쓴 돈을 빼는 것이라고 얘기했습니다. 벌기 위해 쓴 돈은 적격한 증빙을 갖추어야 세금을 공제받을 수가 있습니다. 적격한 증빙을 갖추지 않으면 세금 공제가 불가능하니 그만큼 세금이 많이 나오게 되는 것입니다. 이번 장에서는 적격한 증빙이 무엇인가에 대해서 알아볼까요.

"증빙이란 게 무얼 말하는 건가요?"

증빙이란 거래한 사실을 증명하는 서류를 말하는 것입니다. 증빙이 없으면 거래 사실을 객관적으로 증명할 수 없기 때문에 세금을 공제받을 수가 없습니다. 사업상 거래를 할 때 주고받는 영수증에는 세금계산서, 계산서, 간이영수증, 신용카드매출전표, 현금영수증 등이 있습니다.

이 중 세금계산서, 계산서, 신용카드매출전표, 현금영수증을 적격영수증이라고 하여 간이영수증과는 구별이 됩니다. 세금계산서란 사업자가 재화나 용역을 공급할 때 부가가치세를 거래 징수하고 이를 증명하기 위하여 공급받는자(상대사업자)에게 교부하는 증빙서류라고 이해하면 됩니다. 사업자 간의 거래에서는 세금계산서를 주고받는 것이 원칙입니다. 세금계산서의 필수 기재사항은 아래와 같습니다.

> 공급하는 사업자의 등록번호와 성명 또는 명칭, 공급받는자의 등록번호, 공급가액과 부가가치세액, 작성 연월일

간이영수증은 공급받는자의 등록번호와 부가가치세액을 별도로 기록하지 않는 증빙서류를 말합니다. 간이영수증에는 공급받는자의 인적사항이 없으므로 세금 공제가 불가능합니다.

정리하면 세금계산서는 세금 공제가 가능하지만 간이영수증은 불가능합니다. 그러므로 세금을 적게 내기 위해서는 적격영수증, 다른 말로 세금계산서와 같은 적격증빙을 반드시 받아야 합니다. 신용카드매출전표, 현금영수증(지출증빙)도

세금계산서와 같은 효력을 지니므로 적격증빙이라 할 수 있습니다. 적격증빙에는 세금계산서, 계산서, 신용카드매출전표, 현금영수증이 해당됩니다.

만약 당신이 식당을 창업하여 식당 운영에 필요한 설비를 현금으로 구매하였다고 가정하면 세금 공제를 받기 위해서는 어떻게 해야 할까요? 세금계산서를 설비를 구입한 업자에게 달라고 하면 됩니다. 또 다른 방법은 사업자번호를 불러주고 지출증빙 현금영수증을 끊어도 적격증빙이니 세금 공제가 가능하다는 것도 기억해두면 좋겠습니다.

사업을 하게 되어 세금 공제를 받기 위해서는 적격증빙은 당연히 받아두어야 하고, 거래 상대방이 정상적인 사업자인가를 확인해야 합니다. 홈택스 사이트를 통해서 상대 사업자 등록번호로 정상적인 사업자인가 조회가 가능합니다. 만약 터무니없이 싸게 판다면 꼭 조회를 해 보고 거래를 해야 합니다. 만약 정상적인 사업자가 아니라면 세금 공제는 불가능하기 때문입니다.

그리고 거래 대금을 현금으로 지불하지 않고 거래 상대방의 계좌로 이체하는 것도 좋은 습관입니다. 거래이체내역은 객관적인 증빙이기 때문입니다.

프리랜서, 사업자등록 꼭 해야 하나?

세법에서는 프리랜서를 '사업자등록 신고를 하지 않은 자유직업소득자'라고 말합니다. 저 같은 작가들이 흔히 말하는 프리랜서입니다. 프리랜서는 사업주로부터 업무 지시를 받지 않고 독립적으로 일을 하고, 출퇴근 시간이나 근무 장소에도 제한을 받지 않아야 한다고 법에서는 말하고 있습니다. 저는 출판사와 약속한 날까지 원고를 마감해야 하는데, 출판사에 직접 출근하지 않고 집에서 원고를 씁니다. 전형적인 프리랜서의 모습이죠.

프리랜서는 사업자등록증이 없는 개인사업자를 말합니다. 그래서 프리랜서의 소득은 근로소득이 아니라 사업소득으로 구분됩니다. 그렇기 때문에 프리랜서 사업소득이 있을 경우에는 매년 5월에 종합소득세를 신고, 납부해야 합니다. 소득세는 우리나라 세금에서 20% 이상을 차지하는 가장 중요한 세금 항목입니다. 그 다음으로 부가가치세와 법인세가 큰 비중을 차지합니다.

"프리랜서는 사업자등록을 안 해도 되는 건가요?"

부가가치세 세법에 따르면 개인이 면세 대상을 취급하고 사업자등록을 하지 않아도 되는 이유를 아래와 같이 설명합니다.

'개인이 물적 시설 없이 근로자를 고용하지 않고 독립된 자격으로 용역을 공급하고 대가를 받는 인적 용역은 면세 대상이다.'

여기서 물적 시설이 없다는 것은 사업장이 없다는 뜻입니다. 즉 사무실이 있으면 프리랜서가 될 수 없습니다. '근로자를 고용하지 않고'란 직원 없이 혼자 일하는 것을 말합니다. 웹툰 작가의 어시스트, 연예인의 코디네이터는 직원이 아닌 보조자로 분류됩니다. 독립된 자격이란 어느 회사에 고용되거나 속해 있지 않음을 말합니다.

무엇보다 물건이 아닌 용역을 공급해야 하는데, 공인회계사나 변호사와 같은 전문직 사업자의 용역은 해당되지 않습니다.

우리 주변에서 볼 수 있는 프리랜서에는 디자이너, 프로그래머, 모델, 학원강사, 작가 등이 있습니다.

세금 신고는 자진신고 방식입니다

창업을 하여 사업자등록증을 발급받고 나면 부가가치세, 종합소득세를 신고, 납부할 의무가 생깁니다. 개인사업자의 세금 신고는 자진신고 방식입니다. 자진신고란 말 그대로 정해진 신고 기간에 스스로 신고를 한다는 것입니다.

"만약 신고 기간을 몰라서 신고 기간이 지난 후에 그 사실을 알면 어떻게 해야 되나요?"

그런 경우가 종종 있습니다. 그럴 때는 '기한 후 신고'를 하면 됩니다. 만약 부가가치세의 신고 기한을 놓쳤을 때는 부가가치세 기한 후 신고를 하면 됩니다. '부가가치세 기한 후 신고'는 높은 가산세가 부과되고 신고 기한이 늦어질수록 가산세가 점점 쌓여가므로, 부가가치세를 신고하지 못했다는 사실을 알게 되면 지체하지 말고 즉시 기한 후 신고를 해야 합니다.

　부가가치세를 신고하지 않아 세무서로부터 고지서 또는 독촉장을 받은 경우에도 부가가치세 기한 후 신고를 해야 합니다. 집에서든 어디서든 홈택스로 간편하게 할 수 있으므로 그 사실을 인지한 즉시 신고해야 합니다. 신고·납부 기한을 잘 지키는 것도 훌륭한 절세입니다.

　부가가치세 신고는 정해진 서식지 혹은 홈택스 기입 칸에 매출액, 매입액, 매출세액, 매입세액 등을 기록해야 합니다. 만약 기입을 잘못하게 되면 조사가 나옵니다. 이것이 세무조사입니다. 많은 사람들이 세무조사라는 단어만 들어도 위축이 되는데, 고의적인 탈세 행위가 아니라면 두려워하지 않아도 됩니다. 만약 실수로 잘못 기재하였다면 수정 신고를 하면 되니 실수에 대한 두려움은 떨쳐버리세요.

　문제는 세금 신고 방식이 자진신고 방식이다 보니 스스로 절세하는 방법을 알아야 챙길 수 있다는 것입니다. 새액 공제를 받을 수 있음에도 세액 공제 항목이 무엇인지 또 얼마나 공제가 되는지를 모르는 사업주들이 허다합니다. 만약 절세방법을 몰라서 내지 않아도 될 세금을 납부했다면 그것은 고스란히 사업주의 책임이 됩니다. 이것이 자진신고의 함정입니다.

계속 강조하지만 우리가 배워야 하는 세무 지식은 세무사, 회계사가 되기 위한 시험공부를 하는 것이 아닙니다. 단지 세금 신고를 할 정도의 지식만을 배우기 때문에 중학생 정도 의 지식만으로도 충분히 이해가 되는 내용입니다.

창업을 시작하기 전, 또는 사업자라면 알아두면 도움이 되 는 사이트 목록입니다.

국세청 - 국세에 대한 종합적인 정보를 제공
(www.nts.go.kr)
국세청홈택스 - 국세 전자신고 전문 사이트
(www.hometax.go.kr)
위택스 - 지방세 관련 종합정보 제공
(www.wetax.go.kr)
4대사회보험 정보연계센터 - 4대보험 공통신고 접수 및 4대보험 가입내역 확인
(www.4insure.or.kr)
국세법령정보시스템 - 세금법령 사이트
(txsi.hometax.go.kr/docs/main.jsp)
노란우산공제 - 소기업, 소상공인 공제제도
(www.8899.or.kr)

개인사업자의 과세 유형

부가가치세법상 개인사업자 구분은 과세사업자와 면세사업자로 나뉩니다. 과세사업자와 면세사업자는 과세되는 품목의 취급 여부에 따라 구분이 됩니다.

과세사업자는 일반과세자와 간이과세자로 구분되며, 연매출액 4,800만 원이 구분의 과세표준이 됩니다. 과세사업과 면세사업을 동시에 운영하는 사업자를 겸업사업자라고 합니다.

간이과세자는 연간 매출액이 4,800만 원에 미달하는 소규모 개인사업자를 말합니다. 부가가치세 계산구조상 세금이 일반과세에 비해 현저히 적으므로 영세한 업체를 위한 제도라고 할 수 있습니다. 간이과세자는 세금계산서를 발행하지 못하고 또 받지 않더라도 불이익은 없으므로 거래의 투명성과는 거리가 멉니다.

간이과세사업자는 일반과세사업자에 비해 부가가치세 부담이 현저히 적습니다. 그러므로 대부분의 경우에는 간이과세로 사업을 시작하는 것이 유리합니다. 부가가치세 간이과세제도는 신고, 납부 등이 어려운 소규모 사업자의 납세 편의를 위한 특례 제도입니다.

부가가치세가 도입되던 당시에는 세율이 2%인 과세특례제도가 있었습니다. 이 제도가 1996년 7월에 간이과세제도로 전환된 것입니다. 간이과세 기준 금액은 최초 도입 당시에는 1억 5천만 원이었으나 2000년 7월 4,800만 원으로 인하하여 현재까지 유지되고 있습니다.

간이과세자는 전체 사업자 중 약 30% 정도를 차지합니다. 그 비율은 매년 조금씩 감소하는 추세입니다. 업종별로는 부동산 임대업이 가장 큰 비중을 차지하고 소매업, 음식업, 서비스업 등의 순입니다.

일반과세자의 부가가치세 계산은 매출세액에서 매입세액을 차감하는 방식입니다. 그러나 간이과세자는 공급대가(매출)에 업종별 부가가치율과 세율을 곱하여 세금을 계산합니다. 매입도 매입액에서 업종별 부가가치율과 세율을 곱하여 계산되므로 매입세액을 지불하고 매입세금계산서를 받는 것이 계산상으로는 손해일 수도 있습니다.

신고, 납부도 일반과세자와는 다릅니다. 일반과세자는 연간 2회 신고하는 반면 간이과세자는 연간 1회만 신고하면 됩니다. 간이과세자 중 연간 매출액이 3,000만 원 미만의 사업자는 부가가치세가 면제됩니다.

개인사업자 중에서는 부가가치세를 내지 않고 소득세만 내도 되는 사업자가 있는데, 이를 면세사업자라고 합니다. 소득세와 부가가치세를 모두 내야 하는 사업자는 과세사업자라고 합니다. 면세란 부가가치세를 면제한다는 의미입니다. 부가가치세가 면제되는 면세 대상을 취급하는 사업자를 면세사업자라고 합니다. 프리랜서가 공급하는 인적 용역도 면세 대상입니다.

부가가치세 납부 의무가 없는 면세사업자는 사업자등록의 의무 또한 없습니다. 부가가치세법상 사업자등록의 의무가 없어도 소득세 세법에 의해 사업자등록의 의무가 발생을 하는데, 부가가치세 세법을 제외하고는 강제성이 없기 때문에 일부 면세 대상을 취급하고 있는 개인은 사업자등록을 하지 않기도 합니다. 사업자등록을 하지 않아도 미등록 가산세가 부과되지 않습니다.

개인사업자 월별 세무 일정

– 개인사업자 세금 신고 달력 –

월	내용
1월	25일 : 2기 부가가치세 확정신고/납부
2월	10일 : 면세사업자의 사업장 현황신고
4월	25일 : 1기 부가가치세 예정신고/납부
5월	31일 : 종합소득세 신고/납부
6월	30일 : 성실신고확인대상 종합소득세 신고/납부
7월	25일 : 1기 부가가치세 확정신고/납부
10월	25일 : 2기 부가가치세 예정신고/납부
11월	30일 : 종합소득세 예정고지 납부

　　창업을 생각하거나, 현재 사업중인 분들은 이 정도는 필히 알고 있어야 합니다. 3월, 8월, 9월, 12월은 직원이 있는 개인사업자의 원천세 신고, 4대보험 신고 같은 공통 일정을 제외하면 신고가 없는 달입니다.

원천세는 소득을 지급할 때, 지급하는 사람에게 일정 금액을 미리 떼어내어 세금으로 납부하는 제도입니다. 직원이 급여를 받을 때도, 프리랜서로 일하고 대가를 받을 때도, 심지어 하루 일당이 15만 원이 넘는 일용직이라면 해당 소득에 대해 원천징수할 세금이 발생합니다.

원천징수는 사업자 등이 소득을 지급할 때 소득자를 대신하여 미리 일정 금액을 국가에 납부하는 것입니다. 사업자는 원천징수 대상 소득을 세무서에 신고해야 비용으로 인정받을 수 있습니다.

▶ 신고납부 기한

매월 지급한 소득에 대해 다음달 10일까지 신고 및 납부를 해야 합니다. 근로자 수가 평균 인원 20인 이하의 사업장에서는 반기납부 신청이 가능합니다. 반기납부 신청을 한 경우에는 상반기(1월~6월)가 종료된 후 다음 달인 7월 10일까지, 하반기(7월~12월)가 종료된 후 다음 달인 1월 10일까지 원천징수 이행상황신고를 하고 납부하면 됩니다.

홈택스에서 발급 가능한 주요 민원 증명

홈택스란 인터넷을 통하여 세금 신고, 납부, 민원증명 발급 등을 이용할 수 있는 국세종합서비스를 말합니다. 메인 화면 상단 메뉴는 개인사업자, 법인사업자, 세무대리인, 개인, 정부기관으로 크게 나누어집니다. 각자의 사업자 유형에 맞게 로그인하여 세무 관련 업무를 보면 됩니다.

홈택스에서는 신고 뿐만 아니라 납부도 가능합니다. 그동안 납부하였던 이력도 확인이 가능합니다. 그리고 홈택스를 통해서 민원 증명도 쉽게 발급이 가능합니다.

"홈택스를 통해서 발급이 가능한 민원 증명은 어떤 것이 있나요?"

발급이 가능한 주요 민원 증명은 아래와 같습니다.

납세증명서, 사업자등록증명, 휴업사실증명, 폐업사실증명,
소득금액증명, 납세사실증명, 부가가치세과세표준증명,
부가가치세면세사업자수입금액증명,
표준재무제표증명(개인, 법인),
사업자단위과세적용종된사업장증명,
연금보험료 등 소득 · 세액 공제확인서, 모범납세자증명,
근로(자녀)장려금 수급사실증명 등

'은행에서 대출을 받으려고 하는데 소득을 증명하는 자료를 요구합니다.'

보통 대출을 받을 때 금융기관에서 요구하는 자료가 담보입니다. 하지만 마땅한 담보가 없을 경우에는 본인의 소득을 증명할 자료를 요구합니다. 그러한 자료로 사업자등록증이 있는 개인사업자는 소득금액증명원, 납세증명원, 부가가치세 과세표준증명원이 해당됩니다.

소득금액증명원이란 종합소득세 신고를 한 소득금액을 보여주는 것입니다. 납세증명원은 체납된 세금이 있는지를 보여주는 것입니다. 부가가치세 과세표준증명원은 부가가치세 신고를 통해서 신고된 매출액을 표시해 주는 증명서입니다.

부동산이나 주식 등 재산적 가치가 있는 무엇을 취득했을 때 세무서로부터 자금 출처 조사를 받는 경우가 있습니다. 세무서에서는 자금 출처 조사를 하기 전에 전산에 등록된 세금 신고 내역을 조회합니다.

요즘은 계좌 내역의 실질적인 현금 흐름을 중심으로 파악하기도 하지만 종합소득세 신고 내역이 자금 출처의 소명자료로 인정되기도 합니다.

2

부가가치세

세금 폭탄을 맞았을 때 대처법

국어사전에는 세금 부담이 너무 가혹할 정도로 큰 경우를 비유적으로 이르는 말을 '세금 폭탄'이라고 합니다. 국어사전의 정의대로 사업을 운영하다 가혹할 만큼의 세금 폭탄을 맞게 되면 정말 힘이 듭니다.

아무런 대비 없이 세금 폭탄을 맞게 되니 하늘은 노래졌고 가슴은 철렁 내려앉았습니다. 하늘이 무너져도 솟아날 구멍은 있겠지라는 생각으로 관할 세무서를 찾아갔습니다. 고용한 세무대리인은 부가가치세는 분할 납부가 불가능하다는 말 뿐이었습니다. 저는 무작정 찾아가서 부탁을 해 봐야겠다고 마음먹었습니다.

'분납이 불가능한 부가가치세의 경우 사업이 어려워지는 등의 일정한 사유에 해당하면 납부 기한 연장 신청이 가능합니다. 납부 기한 연장 신청을 할 경우 3개월에서 최대 9개월까지 납부 기한을 연장하여 부가가치세를 분납할 수 있습니다.

이런 납부 기한 연장 신청은 신고·납부 기한 3일 전까지 신청해야 하며, 혹 3일 전까지 신청할 수 없는 정당한 사유가 있을 경우는 신고·납부 기한 일까지 신청이 가능합니다. 납부 기한 연장 신청을 하려면 연장을 하려는 사유에 관련된 자료와 신청서를 관할세무서에 제출하고, 관할세무서에서는 사유에 따라 담보 제공을 요구하거나 사업체의 현황 등을 판단하여 승인 및 거부에 관한 통지를 하게 됩니다.'

위 내용은 교과서적인 내용들입니다.

저와 같이 예상 못한 부가가치세 폭탄을 맞거나 사업상의 이유로 어려워지는 경우에는 필연적으로 세금조차 부담이 됩니다. 이럴 땐 꼭 신고 3일 전까지 관할세무서를 방문하여 담당 직원을 찾아가서, 최대한 도움을 부탁하는 어조로 얘기하고 성실히 분납하겠다는 의지를 보여주면 거의 다 들어줍니다. 단, 공무원들을 상대할 때는 아는 척은 절대금지입니다. 아래와 같이 부탁을 해 보세요.

"난 잘 모르는데 주위에서 그러네요. 그래만 주면 꼭 성실히 분납할 테니 이왕지사 들어주신다면 최대한 길게 부탁드립니다."

세무공무원들도 시대가 바뀌어 예전의 고압적인 모습은 찾아보기가 힘듭니다. 그들의 대부분은 납세자들에게 도움을 주려고 합니다. 오히려 친절함에 깜짝 놀랄 수도 있습니다. 그리고 시간대는 바쁜 오전보다는 오후가 좋습니다. 부탁을 하는 상황이라면 전화 상담은 절대 하지 말고 꼭 방문 상담을 하는 것이 유리합니다.

단 하나의 공식으로 끝나는 부가가치세 계산법

학교를 졸업하고 사회생활을 시작하게 되면 생존을 위해 필요한 공부가 다시 시작됩니다. 세금 공부도 그중 하나인데 당신이 크던 작던 사업을 하고 있다면 반드시 알아야 합니다.

부가가치세는 소비행위에 부과되는 세금입니다. 사업자가 물품이나 서비스를 고객에게 공급할 때에 고객은 부가가치세가 포함된 금액으로 계산을 합니다. 사업자는 고객으로부터 받은 부가가치세를 모아두었다가 신고 기한이 되면 신고를 한 후에 납부를 하면 됩니다.

즉 부가가치세는 사업자의 수익과는 별개입니다. 치킨한 마리를 22,000원에 손님한테 판매를 한다면 부가가치세 2,000원(판매가격 ÷ 11 = 22,000원 ÷ 11 = 2,000원)은 국가에 납부할 돈입니다. 치킨 한 마리를 팔았을 때, 즉 매출이 일어나면 2,000원의 부가가치세가 발생하는데, 이를 '매출세액'이라고 합니다.

치킨집 사장님이 프랜차이즈 본사에서 치킨 한 마리를 11,000원에 납품을 받는다면 여기에도 부가가치세 1,000원(11,000원 ÷ 11 = 1,000원)이 포함되어 있습니다. 치킨을 구입하였을 때, 즉 매입을 하였을 때 1,000원의 부가가치세가 발생하는데, 이를 '매입세액'이라고 합니다.

흔히들 매출에 대한 10%를 부가가치세라고 잘못 알고 있는데, 정확한 이해를 돕고자 아래의 공식을 외워둘 필요가 있습니다.

> 매출 = 매출액 + 매출세액
> (매출액의 10%가 매출세액이 됩니다. 매출에서 매출세액을 바로 계산하려면 나누기 11을 하면 됩니다. 부가가치세 신고 서식지에는 매출액을 공급대가로 표현합니다.)

조금 이해가 되었나요? 매입도 마찬가지로 계산됩니다.

> 매입 = 매입액 + 매입세액
> (마찬가지로 매입액의 10%가 매입세액이 됩니다.)

개인사업자의 세금 계산방식은 번 돈에서 벌기 위해 쓴 돈을 빼는 방식입니다.

이 계산법으로 부가가치세를 계산해 볼까요.

> 번 돈 − 벌기 위해 쓴 돈 = 매출세액 − 매입세액 = 부가가치세

부가가치세의 계산법은 매출세액에서 매입세액을 빼면 됩니다. 아주 간단하죠?

위의 경우에 부가가치세를 계산해 보면 치킨 한 마리의 매출세액이 2,000원이었고 매입세액은 1,000원이므로, 부가가치세는 1,000원(매출세액 − 매입세액 = 2,000원 − 1,000원 = 1,000원)으로 계산이 됩니다. 치킨 한 마리를 팔았을 때 치킨집 사장님이 납부해야 할 부가가치세는 1,000원입니다. 전혀 어렵지 않죠?

제가 문제를 하나 내보겠습니다.

제가 좋아하는 아메리카노 커피의 판매가격은 4,400원입니다. 커피숍 사장님은 본사에서 아메리카노 커피를 1,100원에 납품을 받습니다. 아메리카노 커피 한 잔의 부가가치세는 얼마인지 계산법을 적어 볼까요.

암산으로도 가능하다고요. 맞습니다, 아메리카노 한 잔의 부가가치세는 300원입니다.

왜냐하면 매출세액은 4,400원 ÷ 11 = 400원

매입세액은 1,100원 ÷ 11 = 100원

매출세액에서 매입세액을 빼면 400원 − 100원 = 300원

부가가치세는 소득세 다음으로 중요한 국가 재정수입원입니다. 부가가치세는 세금을 실제로 부담하는 사람은 최종소비자이고, 납부하는 사람은 사업주예요. 즉 부가가치세는 사업주가 부담하는 세금이 아니라 소비자로부터 받아서 대납을 하는 것이라고 이해하면 됩니다.

그러나 물건 가격에 부가가치세를 포함하여 받다 보니 자연스럽게 자신의 소득인 것 같고 자신이 번 이익에서 세금을 낸다고 생각을 하게 되죠. 그러니 세금을 내는 돈이 아까운 것이 됩니다. 정확히 말하면 부가가치세는 애초에 사업자의 돈이 아닙니다.

부가가치세 = 매출세액 − 매입세액

이 하나의 공식으로 부가가치세는 계산이 된다는 것만 기억하면 됩니다. 부가가치세 계산법을 살펴보면 매입세액이 커질수록 부가가치세가 줄어드는 구조입니다.

물건을 구입할 때 적격증빙을 받으면 매입세액공제를 받을 수가 있습니다. 상대 사업자에게 물건을 구입할 때 물건값을 지불하고 적격증빙(세금계산서, 계산서, 신용카드매출전표, 현금영수증)을 받으면 부가가치세 신고 시 매입세액공제(-매입세액)가 가능합니다. 돈은 지불하였는데 적격증빙을 받지 못하면 매입세액공제가 불가능하니 부가가치세는 늘어나게 됩니다. 그러므로 사업자등록을 하고 창업을 하면 물건을 구입(매입)할 때 적격증빙을 받는 습관을 들여야 합니다. 이런 좋은 습관들이 모여 절세가 됩니다.

부가가치세 매입세액공제는 객관적인 증빙으로만 처리되기 때문에, 적격증빙을 수취하는 것이 매우 중요합니다. '적격증빙'이라 함은 사업과 관련한 지출을 아래 유형으로 처리했을 때를 일컫습니다.

'세금계산서, 계산서, 사업자명의의 신용카드와 체크카드, 지출증빙현금영수증'

단 주의할 점이 있습니다. 일반영수증이나 거래명세서, 간이영수증 등은 부가가치세 신고 때 매입세액공제가 되지 않으므로 반드시 매입 때는 거래 상대방에게 적격증빙을 발급해 달라고 요구하는 것이 중요합니다.

매입, 매출이 같은데
왜 상반기, 하반기 세금이 차이가 날까요?

"월 평균 1억 원 정도 매출을 올리고 있습니다. 6개월을 합산한 6억 원 정도의 매출을 매번 부가가치세 신고 시 신고를 합니다. 그런데 7월 납부금액과 1월 납부금액이 매번 차이가 발생합니다. 왜 그런가요?"

답을 하기 전에 우선 신용카드매출세액공제를 알아야 합니다. 세액 공제와 매입세액공제는 다른 말입니다.

'부가가치세＝매출세액－매입세액'
(이제 기본적으로 외우고 계시죠?)

이렇게 산출된 부가가치세에서 다시 금액을 빼주는 걸 세액 공제라 합니다. 크게 '전자신고세액공제', '신용카드매출세액공제' 두 가지입니다.

▶ 전자신고세액공제는,

1, 2기 부가가치세 확정신고 기간에 홈택스를 통해 전자신고하는 대상을 1만 원 세액 공제를 해 줍니다. 큰돈은 아니지만, 1년이면 2만 원, 티끌 모아 태산입니다.

▶ 신용카드매출세액공제는,

가령 1월부터 6월까지 신용카드(현금영수증 포함) 매출이 1,000만 원이면 이 금액의 1.3%, 즉 130,000원을 세액 공제 해 줍니다. 음식/숙박업 간이과세사업자는 2.6% 세액 공제를 받을 수 있습니다.

이제 신용카드매출세액공제가 무엇인지 알았으니 질문에 답을 할게요.

매출과 매입이 동일하다는 전제하에 생각해 보면 신용카드매출세액공제 한도 때문에 그렇습니다. 신용카드매출세액공제한도는 법이 개정되어 연간 1,000만 원으로 인상되었습니다. 6억 원 전체를 신용카드매출세액공제를 받는다고 가정하면, 6억 원 × 1.3% = 780만 원이 됩니다.

7월 부가가치세 신고 시 780만 원을 세액 공제를 받았다면 1월 부가가치세 신고 시에는 매출은 같은 6억 원이라도 780

만 원을 세액 공제 받을 수가 없습니다.

　1,000만 원(연간 한도 금액) − 780만 원(1기 공제액) = 220만 원 만 세액 공제가 가능합니다. 그러므로 같은 매출, 매입이라 하더라도 560만 원의 차이가 발생하는 것입니다.

현금영수증 용도 일괄변경 신청

사업과 관련한 지출에서 현금을 지급하고 세금계산서 또는 현금영수증을 발급받아야 적격증빙으로 인정이 되어 부가가치세 매입세액공제를 받을 수가 있습니다. 현금영수증은 소득 공제용이 아닌 지출증빙 현금영수증을 발급받아야 부가가치세 매입세액공제가 가능합니다.

흔히들 물건을 구입하고 휴대폰번호로 현금영수증을 처리하는데, 이는 근로자들의 연말정산에 공제되는 소득공제용 현금영수증입니다. 사업자는 휴대폰번호가 아니고 사업자번호로 현금영수증을 끊어야 합니다. 이를 지출증빙 현금영수증이라고 합니다.

"이러한 규정을 잘 몰라서 소득공제용으로 현금영수증을 발급받았습니다. 방법이 없나요?"

현금영수증 용도 일괄변경을 하면 됩니다. 현금영수증 용도 일괄변경이란 질문자와 같이 소득공제용 현금영수증을 발급받은 사업자가 현금영수증을 부가가치세 매입세액공제가 가능한 지출증빙 현금영수증으로 용도를 변경하는 것입니다.

국세청 홈택스 홈페이지에 들어가서 현금영수증 페이지에 로그인 후 현금영수증(지출증빙) 매입내역조회 메뉴의 하위메뉴인 용도일괄변경 메뉴에서 변경이 가능합니다. 아래의 방법을 참고하세요.

> 변경 전 자료조회 화면에서 용도변경 기간을 참고해 거래일자를 선택 ➡ 거래내역 조회 버튼을 클릭 ➡ 신분확인수단을 선택하세요에서 사업자번호 또는 카드 중에서 선택 ➡ 용도변경여부를 결정한 후 일괄변경 버튼을 클릭

사업자 본인의 신용카드로 매입을 하였을 때도 적격증빙이므로 부가가치세 매입세액공제가 가능합니다. 홈택스에 사업자카드를 등록하면 부가가치세, 종합소득세 신고 시 간단한 조회만을 통해 신고를 마칠 수 있는 장점이 있습니다.

사업자카드는 카드사나 금융기관에서 따로 발급받는 것이 아닙니다. 사업자 명의의 모든 신용, 체크카드를 홈택스상에 등록을 하면 사업자카드라고 칭합니다.

▶ **홈택스에서 사업자카드를 등록하는 방법**
조회/발급 ➡ 현금영수증 ➡ 사업용 신용카드

사업자 명의로 된 신용, 체크카드를 최대 50장까지 등록할 수 있습니다. 사업자가 지출할 때 받은 증빙은 원칙적으로 5년 동안 보관해야 하나 사업자카드의 경우에는 사용내역이 국세청에 자동 보관되므로 이를 보관하지 않아도 됩니다.

조기환급신고제도

조기환급제도는 사업주 입장에서 자금을 조기에 확보하여 유동성을 해결하는 데 매우 큰 도움이 됩니다. 그런데 이 제도를 모르고 신청하지 않으면 혜택을 누릴 수가 없습니다.

사업을 시작하면 일정 기간 매출은 발생하지 않고 초기 비용만 증가하는 '데스밸리(death valley)' 기간을 겪게 되는데, 영세자영업자의 경우 자금 부족으로 압박을 받게 됩니다.

부가가치세 신고 시 매입세액이 매출세액보다 클 경우 환급이 발생합니다. 일반적인 환급은 신고 후 30일 이내에 이루어지는데 조기환급은 확정신고 기간까지 기다릴 필요 없이 신고 후 15일 이내에 환급을 받을 수 있습니다.

일반과세사업자이며 식당을 운영하는 김 사장님, 1월에 식당 인테리어를 하고 2월에는 각종 설비 구입으로 목돈이 들어갔습니다. 이럴 경우에는 부가가치세 확정신고 기간인

7월까지 기다리지 말고 1월과 2월의 매출, 매입에 대한 부가가치세 신고를 3월 25일까지 조기환급신고를 하면 됩니다. 신고 후 국세청에서는 15일 이내에 부가가치세 환급을 해 줍니다. 그리고 나서 3월부터 6월까지의 매출, 매입에 관한 부가가치세 확정신고를 7월 25일까지 하면 됩니다.

조기환급신고는 단순히 매입이 매출보다 크다고 할 수 있는 것은 아닙니다. 부가가치세 영세율을 적용하여 수출을 했거나 사업을 위해서 건물 취득, 증축 및 인테리어나 기계장치 구입 등 시설투자를 했을 경우에만 조기환급신고가 가능합니다.

"부가가치세 예정고지가 무엇인가요?"

개인사업자의 부가가치세 납부 부담과 국가의 세수 확보의 안정성을 고려하여 양자간의 부담을 줄이기 위해서 개인사업장의 별도의 예정신고 없이 직전 납부한 부가가치세의 50%에 해당하는 금액을 미리 고지받아 납부하는 제도입니다.

예를 들면 올 1월 부가가치세를 100만 원 납부하였다면, 일반과세자는 4월 25일까지 예정고지 50만 원을 납부해야 합니다. 간이과세자는 7월 25일까지 예정고지 50만 원을 납부해야 합니다. 이러한 부가가치세 예정고지 제도로 납부한 예정고지세액은 다음 부가가치세 확정신고 때 기납부세액으로 처리되어 공제가 됩니다.

개인사업자에게는 부가가치세 예정고지와 미리 납부하는 것이 원칙적으로 규정되어 있어 예정고지세액을 납부하지 않으면 가산금이 부과됩니다.(납부기한이 경과한 후 1개월 이내에 납부하면 세액의 3%만큼 가산금이 부과됩니다. 확정신고 기한까지 납부하지 않게 되면 추가로 세액의 1.2%만큼 중가산금이 부과됩니다.)

부가가치세 예정고지는 부가가치세를 신고하는 것이 아니고 고지서금액(전 납부금액의 50%)을 납부하는 것입니다. 다만 징수하여야 할 금액이 30만 원 미만(2019년부터 30만 원 미만, 종전은 20만 원 미만)이거나, 당해 간이과세자가 일반과세자로 변경된 경우에도 징수하지 않습니다.

TIP 부가가치세 예정신고를 하면 유리한 경우

1. 최초 설비 투자로 환급이 예상될 경우에는 꼭 예정신고(조기환급)를 해야 합니다. – 조기환급신고를 하면 관할 세무서에서 사실 확인 후 신고기한이 경과한 날부터 15일 이내에 사업자에게 환급합니다.

2. 휴업 또는 사업부진 등으로 예정신고기간(7~9월)의 공급가액이 직전과세기간(1월~6월) 공급가액의 1/3에 미달하거나, 이번 예정신고기간의 납부세액이 직전과세기간 총 납부세액의 1/3에 미달하는 사업자도 예정신고를 하는 게 유리합니다.

간이과세사업자가 두 개, 일반과세전환

일반과세 전환통지서를 받으신 사장님들 많으시죠? 많은 분이 문의하고 또 헷갈려들 하는데, 쉽게 정리하겠습니다.

올해 일반과세로 전환통지서를 받으신 분들은 올해 7월 25일까지 부가가치세를 신고 · 납부해야 합니다. 주의할 점은 7월 부가가치세 신고 때는 간이과세방식으로 신고하면 되고, 내년 1월 부가가치세 신고는 일반과세방식으로 신고 · 납부하면 된다는 것입니다. 그러니 일반과세로 전환된 7월 매입부터는 꼼꼼히 신경 써야겠죠?

일반과세 전환 사장님들은 반드시 짚고 넘어가세요. 7월은 일반과세 부가가치세 신고 · 납부하는 달입니다. 물론 일반과세 전환통지를 받은 사장님들도 해당합니다. 알다시피 부가가치세는 드러난 매출 · 매입(적격증빙)만으로 신고하므로 제아무리 재능이 뛰어난 세무대리인들도 어떻게 해 줄 도리가 없습니다. 드러나지 않는 매출은 손님들한테 현금 유도(?) 하는 방법이 유일하기에 별수가 없다는 말입니다. 결국 매출은 전부 드러난다고 보면 됩니다.

부가가치세 납부금액을 줄이는 최고의 방법은 매입 자료를 최대한 확보하는 것입니다. 즉 물건을 매입하고 적격증빙을 수취하는 것이 중요합니다. 앞장에서 배웠듯이 부가가치세의 계산은 무척이나 간단해서 어느 정도 미리 계산할 수 있습니다. 당연히 매입 자료가 부족하다고 느낄 겁니다. 매입 자료가 빠진 건 없는지 미리 점검해야 합니다.

7월부로 일반과세 전환통지를 받은 사장님들은 7월 신고는 간이과세자로 하기 때문에 세금 부담은 적을 것입니다. 그러나 과세 전환된 7월부터는 무조건 매입 자료에 신경을 써야 합니다.

간이과세사업자의 한해 매출이 4,800만 원이 초과되면 자동으로 다음해 7월 1일부로 일반과세사업자로 전환됩니다. 대부분의 경우 국세청에서 일반과세 전환통지의 우편물이 오지만 우편물을 수령하지 못한 경우에도 7월 1일을 기준으로 자동 전환됩니다.

"현재 간이과세사업자를 운영중이고 신규로 간이과세사업자를 하나 더 발급받았습니다. 이런 경우에는 두 개의 사업장 매출을 합산해서 적용하나요?"

부가가치세법 시행령 109조 11항에 의거하여 두 개 이상의 간이과세사업장이 있는 경우에는 각 사업장의 합산 매출이 4,800만 원을 초과하면 두 사업장 모두 일반과세사업자로 전환이 됩니다.

업종별 의제매입세액 공제율, 공제한도

　제조업을 영위하는 사업자가 부가가치세를 면제받아 공급받은 농·수·축·임산물을 원재료로 제조, 가공한 물품을 판매하는 경우에는 그 면제되는 물품의 가액에 업종별, 종류별로 재무부령이 정하는 일정율을 곱해서 계산한 금액을 매입세액으로 공제할 수 있는데, 이러한 제도를 의제매입세액공제라 합니다.(부가세시행령 제62조 1항)

　좀 쉽게 풀이하면 음식업을 하는 사업자가 구입하는 농산물 구입가액 중 일정비율을 매입세액으로 인정해 부가가치세를 돌려주는 제도를 말합니다.

　그래서 과세관청에서는 면세인 농산물, 축산물, 수산물 등을 매입하여 가공하고 과세로 판매하는 사업자에 대해 의제매입세액공제라는 제도를 두어 면세계산서 매입에 대해서도 일정율(음식점의 경우 8/108 또는 9/109)을 부가세로 공제해 주도록 하고 있습니다. 음식점이나 커피숍 관련 사업을 하는 분들은 반드시 면세계산서를 잘 수취해서 부가가치세 신고 시 의제매입세액공제를 필히 받아야 합니다.

　간이과세자의 경우 의제매입 한도는 없으나 의제매입세액이 납부세액을 초과하는 경우에는 그 초과하는 부분은 없는 것으로 간주합니다. 일반과세사업자는 업종별 의제매입세액 공제율과 한도가 다릅니다. 아래를 참고하세요

- 업종별 의제매입세액 공제율 -

내용			공제율
1. 과자점업, 도정업, 제분업, 떡 방앗간을 운영하는 개인			6/106
2. '1'을 제외한 개인 중소기업			4/104
3. 그 외			2/102
음식점 업	과세유흥장소 경영자		4/104
	법인사업자		6/106
	개인사업자	과세표준 4억 원 초과	8/108
		과세표준 4억 원 이하	9/109

- 과세표준에 따른 의제매입세액공제 한도 -

구분		2019년 12월 31일까지	
		음식점업	일반업종
법인사업자		40%	
개인사업자	과세표준 1억 원 이하	65%	55%
	과세표준 2억 원 이하	60%	
	과세표준 2억 원 초과	50%	45%

개인사업자 음식점업을 하고 있고 과세표준이 4억 원, 면세 제품 매입을 3억 원 했다고 가정하면 의제매입세액공제 금액은 아래와 같습니다.

> 공제한도 : 4억 원 × 50% = 2억 원
>
> 의제매입세액공제 금액 : 2억 원 × 9/109 = 1,651만 원

먹방 유튜버의 식비의 세금 처리

요즘 많은 아이들의 장래 희망이 유튜버가 되는 것이라고 합니다. 최근 유튜버의 수는 증가하고 있습니다. 유튜버는 꼭 사업자등록을 해야 할까요? 사업자등록을 하는 순간 유튜버는 부가가치세, 종합소득세 신고, 납부의 의무를 지게 됩니다.

유튜버는 해외(구글애드센스)로부터 외화(달러)를 벌어들이기 때문에 수출업자와 같은 영세율이 적용됩니다. 그러므로 만약 사업자등록을 한다면 간이과세사업자가 아닌 일반과세사업자로 하는 것이 득이 됩니다. 영세율이 적용되므로 방송에 관련한 경비는 부가가치세 환급이 가능합니다.

유튜버로 활동하여 수입이 발생한 경우에는 유튜브 측에서 유튜버의 은행 계좌로 직접 송금을 하므로, 국세청에서 소득을 파악하기는 어려운 것이 사실입니다.

최근 국세청에서는 고소득 유튜버들을 대상으로 철저한 신고 검증을 진행하고 있으며, 세금 탈루 혐의가 있으면 세무조사를 진행한다고 밝혔습니다. 참고로 1년에 외화 1만 달러 이상을 입금받은 경우에 대해서는 국세청으로 자료가 넘어갑니다.

유튜버를 시작하는 대부분의 사람들은 집에서 콘텐츠를 제작하는 경우가 많으므로, 수익이 발생하면 집 주소로 사업자등록을 하여도 무방합니다. 유튜버는 광고 수입에 대해 영세율이 적용되므로 일반과세사업자로 사업자등록을 하는 것이 유리합니다. 영세율 적용 사업자는 부가가치세 신고 시 매입세액공제가 가능합니다.

"먹방을 진행하는 유튜버의 식비는 부가가치세 매입세액공제가 가능한가요?"

사장 본인의 식비는 부가가치세 매입세액공제가 불가능하지만 먹방 유튜버의 식비는 사업에 관련한 경비이므로 가능합니다. 촬영을 위한 식비의 경우에는 적격증빙은 기본적으로 필요하고 추가로 소명용증빙을 갖추는 것이 좋습니다.

세법에서는 비용을 필요경비라고 합니다. 사업운영과 직간접적으로 관련되어 있어야 비용으로 인정을 받을 수 있습니다. 그러므로 같은 식당에서 같은 음식을 먹어도 직원과 함께 회식을 했다면 비용으로 인정이 되고, 가족과 식사를 한다면 이는 사업과의 연관성이 없으므로 비용으로 인정받을 수 없습니다.

국세청에서는 식사를 직원이랑 했는지, 가족과 했는지 알 수가 없습니다. 그러므로 직원과 식사를 했다는 사진을 한 장 남겨놓더라도 좋은 소명용증빙이 됩니다. 증빙에 대한 입증은 납세자인 사업주에게 있습니다.

전기요금 명의가 건물주일 때 세금 처리

부가가치세 신고 시 전기요금이나 가스요금, 통신비 등과 같은 공과금도 매입세액공제가 가능하다는 사실 알고 계셨나요? 몰랐다면 이번에 확실하게 알아서 부가가치세 신고 때 매입세금계산서를 꼭 받아놓으세요.

공과금에 포함된 부가가치세는 상대적으로 적다고 생각하기 쉽지만 티끌 모아 태산이라는 말처럼 잘 챙기면 분명 절세에 도움이 됩니다.

공공요금에 포함된 부가가치세에 대해 세금계산서를 발급받으려면 사업자번호로 명의를 변경 신청해야 합니다. 개인이 아닌 사업자 명의로 기재된 공공요금 영수증은 세금계산서와 같은 효력이 있습니다.

전기요금 영수증의 공급받는자 란에 본인의 사업자등록증
상의 상호, 사업자등록번호가 기재가 되면 세금계산서와 같
은 역할을 하게 되어 부가가치세 매입세액공제가 가능합니
다. 만약 전기요금 영수증에 전 사업자의 명의 또는 건물주
명의로 되어 있는 경우에는 부가가치세 매입세액공제가 불
가능합니다. 이러한 경우라면 한전에 본인 사업자 명의로 변
경 신청을 해야 합니다.

"건물주 명의로 되어 있는데 명의 변경이 쉽지 않습니다.
이런 경우는 어떻게 하나요?"

전기 사용자 명의를 변경할 수 없다면 건물주가 한전에서 세금계산서를 발급받아 매입세액으로 공제를 받게 됩니다. 임차인이 실질적으로 사용한 전기요금과 부가가치세액을 건물주에게 지급을 하고 건물주로부터 세금계산서를 교부받아 부가가치세 매입세액공제를 받으면 됩니다. 건물주에게 전기요금을 직접 주는 경우라면 당연히 사전 협의를 해야 합니다.

법인 전환 시 늘어나는 부가가치세

단순히 종합소득세율보다 법인세율이 낮다는 이유만으로 법인 전환을 고려하는 사장님들을 보게 됩니다. 음식점을 운영하는 김 사장님, 연 매출이 10억 원인데 법인 전환을 고려합니다. 김 사장님이 법인으로 전환하는 순간 늘어나는 부가가치세를 계산해 볼까요.

앞서 배웠듯이 개인사업자와 법인사업자는 의제매입세액 공제율과 공제한도가 차이가 있습니다. 각각의 경우에 의제매입세액공제 금액을 계산해 보겠습니다.

김 사장님이 개인사업자일 경우에 의제매입세액 공제한도는 과세표준의 45%이고, 공제율은 8/108입니다. 10억 원의 45%는 4억 5천만 원이므로, 4억 5천만 원 × 8/108 = 33,333,333원입니다.

김 사장님이 법인사업자일 경우에 의제매입세액 공제한

도는 과세표준의 35%이고, 공제율은 6/106입니다. 10억 원의 35%는 3억 5천만 원이므로, 3억 5천만 원 × 6/106 = 19,811,320원입니다.

위 계산으로 알 수 있듯이 법인으로 전환하면 13,522,013 원의 부가가치세가 늘어납니다.

이게 다가 아닙니다. 법인사업자는 신용카드매출세액공제 도 받을 수가 없습니다.(개인사업자도 10억 원을 초과하면 신용카 드매출세액공제를 받을 수가 없습니다.) 단순히 법인세율이 낮다고 하여 법인전환을 고려하는 것은 바람직하지 않습니다.

"저 역시 매출이 커져서 법인 전환을 고민하고 있었는데 윗 글을 보니 아닌 것 같네요. 그럼 어떤 경우에 법인 전환을 해야 하나요?"

개인사업자에서 법인사업자로 전환 여부를 단순히 법인세 율이 낮으니까라는 이유만으로 고민하는 분들이 많이 있습 니다. 세무는 정해진 답이 있는 것이 아니라 상황에 따라서 답이 달라지는 일이 빈번합니다.

법인사업자로 전환을 생각해 볼 필요가 있는 경우를 아래 에 정리하였습니다. 법인 전환은 단편적인 하나의 문제로 보고 결정할 것이 아니라 여러 상황을 종합적으로 고려해 볼 때 판단이 가능한 것이기에 꼭 전환을 하라는 의미는 아닙니다.

TIP 법인사업자로 전환을 생각해 볼 필요가 있는 경우

성실신고확인대상자, 기업승계를 염두에 두고 있는 사업주, 종합소득세 부담이 큰 사업주, 부동산 임대사업을 하고 있는 사업주, 정부정책자금을 받고 싶은 사업주, 자녀에게 사전 증여를 하고 싶은 사업주 등

3

종합소득세

소득과 소득금액은 다른 말입니다

세무 공부를 하다 보면 용어가 어렵고 헷갈립니다. 용어 자체가 어려운 경우도 있고, 아래처럼 같은 용어 같은데 다른 경우도 있습니다. 소득과 소득금액은 동일한 용어가 아닙니다. 세법에서 정의하는 소득은 벌어들인 총금액을 의미합니다. 소득금액은 벌어들인 총금액에서 비용을 차감한 금액을 의미합니다.

예를 들면 사업소득일 경우 사업소득은 수입금액을 의미하고, 사업소득금액은 수입금액에서 필요경비를 차감한 금액을 의미합니다.

소득 − 필요경비 = 소득금액

종합소득세를 계산하기 위한 첫 번째 공식입니다.

소득은 수입금액(총매출에서 총매출세액을 뺀 금액, 총매출액을 의미합니다.)으로 표기되기도 합니다. 종합소득세의 계산 방식은 부가가치세와 달리 몇 개의 공식으로 이루어집니다. 우선 소득, 필요경비, 소득금액이 각기 다르게 사용되는 것을 숙지해야 합니다.

나라에서 소득세를 부과하기 위해서는 우선 무엇을 소득으로 볼 것인지 정해야 합니다. 소득에는 근로소득이나 사업소득같이 지속적으로 발생하는 소득이 있는가 하면, 양도소득이나 퇴직소득같이 일시적으로 발생하는 소득도 있습니다.

1934년 조선소득세령에 의해 처음으로 우리나라에 소득세가 도입되었습니다. 제1종 법인소득세, 제2종 원천 과세되는 법인과 개인의 이자, 배당 소득, 제3종은 2종에 속하지 않는 개인소득으로 매우 포괄적으로 규정되었습니다.

일제에서 해방된 지 4년 만인 1949년에 일반소득세를 소득세와 법인세로 분리하는 내용으로 소득세법이 개정된 이래 점차 소득세는 근로소득, 사업소득, 이자소득, 배당소득, 기타소득, 퇴직소득, 양도소득, 산림소득 등의 유형별로 나눠 과세했습니다.

1974년에 들어서야 모든 소득을 합산하여 과세하는 종합소득세제도를 도입하기에 이릅니다. 하지만 이자소득이나 배당소득은 여전히 합산과세 대상에서 제외했기에 절름발이 종합과세 방식이었습니다. 그로부터 20년 후 1994년 금융실명제의 실시와 함께 이자·배당소득도 다른 소득과 합산해서 과세하는 틀을 갖추게 되었습니다.

소득세는 우리나라를 비롯한 모든 나라에서 가장 중요한 세금으로 자리잡고 있습니다. 종합소득세 신고를 통해서 국가는 개인사업자의 소득을 가늠할 수 있습니다. 종합소득세가 산출되면 지방소득세(종합소득세의 10%)가 결정됩니다. 더불어 국민연금, 건강보험료 산정 기준이 됩니다. 그리고 은행 등의 금융권 대출을 받을 때 소득의 증빙 자료로 쓰입니다. 개인사업자의 객관적인 소득의 지표로 활용되는 것입니다.

종합소득세는 각각의 소득(이자소득, 배당소득, 사업소득, 근로소득, 연금소득, 기타소득)별로 최종 소득에 합산될 금액을 확정한 다음에 이를 모두 더해야 합니다. 더해진 최종 소득에 세율을 적용하여 계산됩니다.

"저는 회사에서 200만 원의 급여(매월 10만 원씩 원천징수)를 받고 있고 퇴근 후 유튜버로 활동하여 매월 100만 원의 광고

수익을 내고 있습니다. 종합소득세 신고를 해야 하나요?"

근로소득만이 있는 경우에는 종합소득세 신고를 하지 않아도 됩니다. 그러나 질문의 경우처럼 근로소득과 사업소득이 동시에 발생하는 경우에는 종합소득세 신고를 해야 합니다. 질문자는 근로소득에 관해서는 매월 10만 원씩 총 120만 원을 원천세로 납부하였지만 사업소득에 관해서는 납부를 하지 않았기 때문입니다.

근로소득액 2,400만 원과 사업소득 1,200만 원을 더한 3,600만 원이 종합소득세 수입금액이 되는 것입니다. 사업소득은 사업에 관련된 지출이 있을 경우에는 지출을 뺀 금액이 소득금액이 됩니다. 만약 유튜브 방송을 위한 지출이 300만 원이라면 사업소득금액은 900만 원이 됩니다. 물론 지출한 300만 원에 대한 증빙이 있어야 합니다.

사업소득 1,200만 원에서 사업에 관련한 지출 300만 원을 빼준 것처럼, 근로소득에서도 일부 공제가 가능합니다. 근로에 관련한 지출을 근로소득공제라고 합니다. 근로소득공제 금액이 400만 원이라고 가정하면 근로소득금액은 2,000만 원이 됩니다.

그래서 종합소득금액은 3,600만 원이 아니라 2,900만 원(사업소득금액 900만 원 + 근로소득금액 2,000만 원)이 됩니다. 2,900만 원에 대해서 세율을 적용하여 330만 원의 종합소득세가 나왔다고 가정해 봅시다. 그런데 이미 원천 징수하여 납부한 세금이 120만 원이 있습니다. 이미 납부한 세금 120만 원을 빼면 최종적으로 납부해야 할 세금은 210만 원이 됩니다.

두 번만 읽으면 이해되는 종합소득세 계산법

개인사업자의 종합소득세 계산법을 최대한 간단하게 정리해 보겠습니다.

> 수입금액 – 필요경비 = 소득금액
>
> (수입금액은 전년도 총 매출액입니다.)

소득금액에서 소득 공제를 받고 세율을 곱하면 산출세액이 나옵니다.

> 소득금액 – 소득 공제 = 과세표준
>
> ▶ 소득 공제 항목
>
> 기본공제 : 본인, 부양가족
>
> 추가공제 : 장애인 공제, 국민연금보험 공제, 노란우산 공제 등

과세표준 × 세율＝산출세액

(세율은 최저 6%∼최고 42%로 누진 적용됩니다.)

산출세액에서 세액 공제를 받고 나면 납부할 종합소득세가 결정됩니다.

산출세액－세액 공제＝납부세액

▶ 세액 공제 항목

자녀세액 공제

연금저축세액 공제 등

부가가치세는 10%의 단일세율을 적용합니다. 그러나 종합소득세는 과세표준의 크기에 따라 6%∼42%의 세율이 적용됩니다. 매출액이 같은 사업자라도 순이익이 다르면 세금이 달라집니다.

간혹 사장님들이 이런 얘기를 나눕니다.

"나는 작년 매출이 5억인데, 종합소득세를 2,000만 원 가량 납부했어."

그러니까 옆의 사장님(B)이, "나도 5억 정도 되는데, 난 5,000만 원 넘게 납부했어."라고 말합니다.

그러자 고용한 세무대리인의 자질을 평가합니다. 종합소득세를 적게 낸 사장님(A)이 자신의 세무대리인의 능력을 칭찬합니다. 왜 이런 일이 발생하였을까요?

순이익이 달라서입니다. 둘 다 매출은 5억 원이라 하더라도 A사장님은 순이익이 1억 원이었고, B사장님은 순이익이 2억 원이었습니다. 그런 관계로 A사장님은 2,022만 원(1,590만 원 + 1,200만 원 × 36%)의 종합소득세를 납부하였고, B사장님은 5,660만 원(3,760만 원 + 5,000만 원 × 38%)의 종합소득세를 납부하였습니다. 세무대리인의 자질 문제가 아니라 순이익이 달라서입니다.

여기서 눈여겨봐야 할 것은 순이익은 2배가 차이가 나는데 세금은 2배가 넘는다는 것입니다. 그 이유는 종합소득세는 누진세율 구조를 취하고 있기 때문입니다.

개인사업자의 경우 과세표준을 총 7개 구간으로 구분해 세율을 적용합니다. 다음 표를 참고하세요.

과세표준금액(소득−소득 공제)	세율
1,200만 원 이하	과세표준금액의 6%
1,200만 원 초과 4,600만 원 이하	72만 원+1,200만 원을 초과하는 금액의 15%
4,600만 원 초과 8,800만 원 이하	582만 원+4,600만 원을 초과하는 금액의 24%
8,800만 원 초과 1억 5천만 원 이하	1,590만 원+8,800만 원을 초과하는 금액의 36%
1억5천만 원 초과 3억 원 이하	3,760만 원+1억 5천만 원을 초과하는 금액의 38%
3억 원 초과 5억 원 이하	9,460만 원+3억 원을 초과하는 금액의 40%
5억 원 초과	1억 7,460만 원+5억 원을 초과하는 금액의 42%

기장을 맡기면 세금이 적게 나온다?

　'기장'은 장부를 작성한다는 뜻입니다. '기장료'는 세무대리인에게 장부 작성을 의뢰하고 일정한 수수료를 매달 지급하는 장부 작성 수수료입니다.(일반 자영업자 기준 매달 10만 원 내외의 기장료를 지급합니다.)

　'조정료'는 소득세 신고 때 세무 조정을 한 후에 신고해야 하므로 이를 조정료라 부릅니다. 일 년에 한 번만 지급합니다.(일반 자영업자 기준 종합소득세 신고 시 30~50만 원 정도를 추가로 지급합니다.)

　'신고대행수수료'는 부가가치세, 종합소득세 신고 기간에만 잠깐 신고 대행을 의뢰하는 상황에 해당합니다.(일반 자영업자 기준 부가가치세 신고 시 5~10만, 종합소득세 신고 시 30~50만 원 정도를 지급합니다.)

　1년 동안 기장료 120만 원 전후, 조정료 50만 원 전후해서

약 170만 원 정도를 세무대리인의 비용으로 지급합니다. 10년이면 1,700만 원 정도의 금액을 지급하는 것입니다.

세무 지식이 없고 업무에 바빠서 장부 관리에 소홀하다면, 기장료 부담이 있더라도 장부를 기록함으로써 세금을 줄일 수 있다면 장부를 작성해야 합니다.

그런데 과연 기장을 맡겨야 할까? 말아야 할까? 가령 신규 사업자나 소규모 자영업자 중에서 직원 없이 1인 사업장이고 매입도 많이 발생하지 않는 경우라면 세무대리인에게 기장을 맡기는 것이 손해일 수 있습니다. 세무대리인은 마치 기장을 하지 않으면 세금 폭탄을 맞을 것처럼 으름장을 놓습니다.

기장을 하지 않아 추계로 소득세를 신고하는 것이 기장을 하는 것에 비해 소득세를 조금 더 낸다고 해도 기장료 나가는 것보다 많지 않다면 추계로 신고를 하는 것이 계산상으론 득이 됩니다. 세무대리인을 고용하면 매월 기장료, 종합소득세 신고 시 조정료, 소모품비 등을 합하면 1년 동안 200만 원 정도의 비용이 발생합니다.

만약 추계로 신고하는 것과 기장을 맡겨 신고하는 차이가 200만 원 이상의 종합소득세를 물게 된다면 기장을 하는 것이 맞을 것이고, 그렇지 않다면 기장을 맡기지 않는 것이 득입니다. 세무대리인에게 기장을 맡기는 이유는 세금을 적게 내기 위해서입니다. 그런데 기장을 맡겼는데 세금이 많이 나 온다면? 한식음식점을 하는 김 사장님, 작년 매출이 4천만 원이고 결혼한 지 오래 되지 않아 자녀는 없습니다. 매입자 료(재료비, 임대료 등)는 2,200만 원을 확보해 두었습니다. 한식 음식점의 단순경비율은 89.7%입니다.

김 사장님의 종합소득세를 기장을 맡겼을 경우와 본인이 직접 추계신고를 하였을 경우 세금이 얼마나 차이가 나는가 를 비교해 보겠습니다. 종합소득세의 계산법은 이번 장에서 쉽게 다시 설명하겠습니다.

구분	기장을 맡긴 경우	직접 추계신고를 한 경우
매출액	40,000,000	40,000,000
매입액	22,000,000	35,880,000(단순율로 경비 계산)
소득금액	18,000,000	4,120,000
소득 공제	3,000,000	3,000,000
과세표준	15,000,000	1,120,000
산출세액	1,170,000	67,200
기장 세액 공제	234,000	
납부세액	936,000	67,200

세무대리인에게 기장을 맡긴 것보다 본인이 직접 추계신고를 한 것이 종합소득세가 868,800원이 적게 나왔습니다. 기장을 맡긴다고 모든 경우에서 세금이 적게 나오는 것이 아닙니다.

여기서 체크해야 할 또 다른 사항은 김 사장님은 작년 세무대리인 비용으로 약 170만 원을 지출했다는 것입니다. 만약 당신이 세무 지식이 이 정도만 있었다면 적지 않은 돈을 아끼게 됩니다.

※추계신고에 대한 자세한 설명은 105쪽을 참고하세요

프리랜서도 기장을 해야 하나요?

매출은 점점 투명해지고 있기 때문에 사업자의 소득은 대부분 국가에서 파악이 가능합니다. 소득을 줄이기 위해서는 벌기 위해 쓴 돈, 즉 비용을 인정받아야 합니다. 사업자의 지출을 비용으로 인정을 받으려면 장부를 작성해야 합니다.

모든 사업자는 자신의 수입과 지출에 대해 장부를 작성해야 합니다. 이를 작성하지 않으면 무기장 가산세를 물어야 합니다. 장부는 세금을 신고할 때 제출을 하는 것은 아니고 세금 신고가 잘못되어 소명 요청이 들어왔을 때 소명용증빙의 역할을 하게 됩니다.

"프리랜서도 장부를 작성해야 하나요?"

프리랜서의 소득은 사업소득으로 분류가 됩니다. 경비를 인정받기 위해서는 장부 작성을 당연히 해야 합니다. 디자이

너, 유튜버 같은 프리랜서는 직전년도 매출이 7,500만 원 이상인 경우에는 복식부기의무자, 7,500만 원 미만인 경우에는 간편장부대상자가 됩니다.

직전년도 매출이 4,800만 원 미만인 경우에는 장부를 작성하지 않아도 무기장 가산세를 물지 않아도 되고 추계신고가 가능합니다. 직전년도 매출이 2,400만 원 미만인 경우에는 추계신고 단순경비율이 적용됩니다.

"장부를 작성하면 인정되는 경비에는 어떤 것이 있나요?"

경비로서 인정을 받으려면 사업과의 연관성이 있어야 하며 다음과 같습니다.

출장비(교통비), 접대비, 차량유지비, 교육훈련비, 도서구입비, 사무용품 등 소모품비, 광고선전비, 통신비 등

장부를 기장해야 받을 수 있는 혜택

"장부를 기장하면 어떤 혜택이 있나요?"

적자(결손)가 발생한 경우 10년간 소득금액에서 공제할 수 있습니다. 단 부동산임대사업소득에서 발생한 이월결손금은 해당 부동산임대사업소득에서만 공제가 가능합니다.

감가상각비, 대손충당금, 퇴직급여충당금 등을 필요경비로 인정받을 수 있습니다. 장부를 기장하지 않은 경우보다 소득세 부담이 줄어듭니다.(무기장 가산세가 적용되지 않고 간편장부대상자가 복식부기로 기장, 신고하는 경우에는 기장 세액 공제가 가능합니다.)

> ▶ 감가상각
> 고정자산의 가액을 내용연수에 걸쳐 합리적인 방법으로 배분하는 과정을 말합니다. 이 과정을 통해 감가상각비가 계산됩니다.

▶ 대손충당금

매출채권, 대여금 등과 같은 채권에 대해 미래에 발생 가능한 대손에 대비하여 설정하는 충당금을 말합니다.

▶ 퇴직급여충당금

장래에 직원이 퇴직할 때 지급하게 될 퇴직금을 미리 충당금의 형태로서 계산해 놓은 것을 말합니다.

"장부를 기장하지 않았을 때의 불이익은 무엇인가요?"

세무회계의 관점에서는 적자(결손)가 발생하였을 경우에도 인정을 받을 수 없습니다. 무기장 가산세 20%를 추가로 부담해야 합니다.

개인사업자의 장부 유형은 크게 간편장부대상자와 복식부기의무자로 나눕니다.

- 개인사업자의 업종에 따른 수입금액으로의 장부 작성 기준 -

업종	간편장부대상자	복식부기의무자
농업, 임업, 어업, 광업, 도매 및 소매업, 부동산매매업(제122조 제1항) 등	3억 원 미만자	3억 원 이상자
제조업, 숙박업, 음식점업, 전기/가스/증기 및 수도사업, 하수/폐기물처리 및 환경복원업, 건설업, 운수업, 출판/영상/방송통신 및 정보서비스업, 금융및 보험업, 상품중개업 등	1억 5천 미만자	1억 5천 이상자
부동산임대업, 부동산 관련 서비스업, 임대업, 전문과학 및 기술 서비스업, 교육 서비스업, 보건업 및 사회복지서비스업, 개인 서비스업 등	7천 5백 미만자	7천 5백 이상자

※ 단, 의사/변호사 등 전문직사업자는 무조건 복식부기의무자
입니다.

신규사업자 추계신고 단순경비율 적용 기준

모든 사업자에게 회계장부를 작성하라고 강요할 수는 없습니다. 이제 새로 사업을 시작한 사업자나 동네에서 조그맣게 장사하시는 연세 많으신 분들에게까지 '장부 작성하지 않으세요?'라고 할 수는 없습니다.

장부를 작성한다는 것은 세금계산서 같은 증빙자료를 잘 챙겨야 하고, 또한 약간의 세무지식이 있어야 가능하기 때문입니다.

그러한 이유로 세법에선 장부를 작성하지 못한 사업자에게 세금을 신고할 수 있도록 '추계신고'라는 제도를 운영하고 있습니다. 추계란 쉽게 얘기하면 '소득을 추정하여 계산한다'라고 이해하면 될 듯합니다. 원칙적으로는 추계신고를 하면 무기장가산세가 발생합니다.

하지만 신규사업자나 계속사업자인데 직전년도 수입금액

이 4,800만 원 미만인 소규모 사업자에 대해서는 장부를 작성하지 않아도 가산세를 물지 않습니다.

- 업종별 추계신고 단순경비율 대상자의 구분 -

업종	계속사업자 (직전년도 기준)	신규사업자 (해당연도 기준)
도매 및 소매업, 부동산매매업, 농업, 임업 및 어업, 광업, 등	6,000만 원 미만	3억 원 미만
제조업, 숙박업, 음식점업, 출판, 영상, 방송통신 및 정보서비스업, 전기, 가스, 중기 및 수도사업, 하수,폐기물처리, 원료재생 및 환경복원업, 건설업, 운수업, 금융 및 보험업, 상품중개업, 욕탕업	3,600만 원 미만	1억 5천만 원 미만
부동산임대업, 수리 및 기타 개인서비스업, 부동산관련서비스업, 전문, 과학, 기술서비스업, 사업시설관리, 사업지원서비스업, 교육서비스업, 보건 및 사회복지서비스업, 예술, 스포츠 및 여가 관련 서비스업, 협회 및 단체, 등	2,400만 원 미만	7천 5백만 원 미만

신규사업자는 간편장부대상자에 해당되며 위 표의 금액을 기준으로 추계신고 시 단순경비율, 기준경비율로 신고할 수 있습니다. 그러나 의사, 약사, 변호사, 변리사, 세무사 등 전문직 사업자들은 수입금액과 무관하게 단순경비율을 적용받

을 수 없습니다.

2019년부터는 신규사업자는 계속사업자도 동일하게 과세년도 매출이 1억 5천만 원(음식점업 예시) 이상이면 직전년도의 수입금액과 상관없이 추계신고 시 기준경비율로 적용됩니다.

07

소득 공제, 세액 공제

    종합소득세를 적게 내는 방법 중 하나는 소득 공제의 활용입니다. 공제에는 소득 공제와 세액 공제 두 가지가 있습니다. 심지어 소득 공제를 받을 수 있는 대상이 있음에도 소득 공제를 받지 못하는 경우도 종종 발생합니다.

- 소득 공제 -

▶ **기본 공제(1인당 150만 원 공제)**

본인, 배우자(소득이 없거나 연간환산소득이 100만 원 이하인 자), 60세 이상인 본인 또는 배우자의 직계존비속, 본인 또는 배우자의 형제자매 중 20세 이하이거나 60세 이상인 자, 국민기초생활보장법에 의하여 급여를 받는 자, 아동복지법에 따라 가정 위탁을 받아 양육하는 아동으로서 해당 기간에 6개월 이상 직접 양육한 위탁아동

▶ 추가 공제

1. 인적 공제 대상자가 70세 이상인 경우 100만 원, 장애인인
   경우 200만 원.

2. 부녀자 공제 50만 원
   (사업주가 여성이며 종합소득금액 3,000만 원 이하인 경우)

3. 한 부모가정 공제 100만 원
   (2와 중복 불가)

"답변 중에 환산소득이라는 용어가 나왔는데요. 근로소득
을 예를 들면 어떻게 되나요?"

환산소득이 100만 원이라는 것은 예를 들어 근로소득의 경
우라면 총급여 500만 원 이하의 경우를 말합니다. 근로소득
이 500만 원을 넘어가면 소득 공제를 받을 수 없습니다.

소득 공제를 받을 항목을 추가로 설명드리겠습니다.

▶ 국민연금보험료 공제

과세기간 동안 납부한 국민연금보험료에 대해 본인부담금 전액
공제

▶ 노란우산 공제

일명 자영업자의 퇴직금이라 불리기도 합니다. 종합소득세 신고 시 소득 공제가 되며 사업을 하다 잘못된 경우, 압류 자체가 불가능하여 자영업자의 재기를 돕는 것이 목적입니다.

– 세법상 부양가족 공제 대상 구분 –

관계	일반 명칭	연령 제한	생계 제한	소득 제한
직계 존속	아버지(계부), 어머니(계모), 조(외)부모, 증조(외)부모	만 60세 이상인 자	생계를 같이 하는 부양 가족	연간 환산소득 금액 100만 원 이하
직계 비속	자녀, 손자, 외손자	만 20세 이하인 자		
형제 자매	동기간, 시누이, 시동생, 처남, 처제	만 20세 이하, 만 60세 이상인 자		
입양자	자녀	만 20세 이하인 자		
장애인	모든 관계	연령제한 없음		

연간 환산소득금액 100만 원 이상인 맞벌이 부부는 서로 공제 대상에 포함되지 않습니다.

"이혼한 부인이 생계를 같이 하고 있는데, 이런 경우는 소득 공제가 되나요?"

질문의 경우에는 생계를 같이 하고 있어도 법률상 배우자가 아니므로 공제 대상에서 제외됩니다. 부가가치세 신고와 마찬가지로 종합소득세 신고 시에도 산출세액이 구해졌으면 세액 공제를 받을 수 있습니다.

▶ 산출세액 − 세액 공제 = 납부세액

1. 자녀세액 공제

기본 공제 대상에서 해당하는 자녀가 있는 경우

(1명 : 15만 원, 2명 : 30만 원, 3명 이상일 경우 2명을 초과한 1인당 30만 원씩 추가)

2. 6세 이하 자녀세액 공제

기본 공제 대상에서 6세 이하 자녀가 있는 경우

(6세 이하 자녀 1명 : 0원, 2명 이상 : (6세 이하 자녀인원수 − 1) × 15만 원)

3. 출산입양 세액 공제

해당 과세기간에 출생, 입양신고한 경우(1인당 30만 원)

4. 연금저축 세액 공제

사업자 본인명의로 2000. 1. 1 이후에 연금저축에 가입한 경우

(연간납입액(400만 원 한도) × 12%)

성실신고확인제도

일정액 이상의 수입금액(매출액)이 있는 개인사업자가 종합소득세를 납부하기 전에 신고내용과 증빙서류 등을 의무적으로 세무대리인에게 검증받도록 하는 제도를 성실신고확인제도라고 합니다.

이 제도를 도입한 목적은 과세당국이 일정금액 이상 고소득 자영업자만이라도 세무대리인을 통하여 세금탈루 행위에 대한 정밀한 확인을 하는 것입니다.

즉 세무대리인이 국세청을 대신하여 세무검증을 하는 것입니다. 세무대리인은 매출누락, 가공경비, 업무무관경비 등을 확인하고 지출비용에 대한 적격증빙 여부와 금액의 과다계상 여부를 확인합니다. 가공 인건비, 회사소유차량을 개인이 업무와 무관하게 사용하였는가 등의 업무무관경비도 확인합니다.

세무대리인이 이를 똑바로 처리하지 않으면 자격정지 등의 징계조치를 받습니다. 성실신고확인대상 사업자 제도는 매출액이 일정 금액 이상인 고소득 개인사업자들이 성실히 종합소득세를 신고할 수 있도록 유도하는 제도입니다.

성실신고확인대상자가 되면 5월에 종합소득세를 신고하지 않고 6월에 종합소득세를 신고, 납부해야 합니다. 성실신고확인대상자는 세무대리인이 성실신고확인서라는 별도의 서식을 제출해야 합니다. 그러므로 세무대리인에게 지급하는 수수료 또한 늘어납니다. 2018년부터 순차적으로 기준 금액이 낮아지고 있습니다. 아래표를 참고하세요.

– 성실신고확인대상 사업자 기준 금액 –

구분	농업, 도소매업 등	제조, 건설업 등	서비스업 등
2018~2019년	15억 원 이상	7억 5천만 원 이상	5억 원 이상
2020년 이후 (예정)	10억 원 이상	5억 원 이상	3억 5천만 원 이상

II

한 번만 해 보면

쉽다

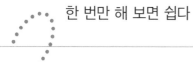

한 번만 해 보면 쉽다

주방 이모님 월급이 200만 원이었습니다. 8시간 근무에 매주 일요일만 휴무였습니다. 장사가 잘 되지 않아 실제로 근무한 시간은 7시간 정도였습니다. 별도의 퇴직금은 지급하지 않기로 하고 급여에 포함한다고 서로 합의하였습니다.

이모님이 퇴사하고 얼마 지나 퇴직금 미지급으로 신고가 들어왔다고 노동청에서 연락이 왔네요. 정말 가족 같은 마음으로 믿고 지낸 분인데 정말 섭섭합니다. 근로계약서도 쓰지 않았는데 어떻게 할까요?

이런 유형의 상담글이 제법 올라옵니다. 결론부터 답을 하자면 당연히 퇴직금은 지급해야 하고 근로계약서 미작성으로 벌금까지 물어야 합니다. 일하는 동안 가족같이 지낸 거랑 근로기준법과는 아무런 상관관계가 없습니다. 근로기준법은 태생부터가 근로자를 위한 법입니다.

믿고 안 믿고 친하고 말고의 문제도 아닙니다. 법이 정한 대로 사용자는 근로기준법이 정한 의무를 다해야 합니다. 이렇게 당신의 소중한 돈은 또 사라집니다. 정말 안타깝네요.

지금부터 공부해야 할 내용만 숙지한다면 이런 일은 절대 경험하지 않을 것이고 당신의 소중한 돈을 지킬 수 있습니다.

개인사업자 노무상식

급여대장의 기록에 따른 최저임금 위반 여부

국가가 임금의 최저수준을 정하고, 사업주가 정한 수준 이상의 임금을 근로자에게 지급하도록 강제하는 임금을 최저임금이라고 합니다. 직원을 1명이라도 채용하고 있는 사업장은 반드시 지켜야 합니다. 종업원과 임금에 대한 합의를 하고 지급하여도 무효가 됩니다. 위반 시 3년 이하의 징역 또는 2,000만 원 이하의 벌금이 부과됩니다. 정규직, 임시직, 계약직, 일용직, 아르바이트 등 고용형태에 상관없이 모든 근로자에게 적용됩니다.

"외국인 근로자도 최저임금을 똑같이 지급해야 하나요?"
그렇습니다. 최저임금은 외국인 근로자를 포함해 국내에서 일하는 모든 근로자에게 적용됩니다.

김 사장님은 급여를 190만 원을 주고 있는데도 최저임금 위반이라고 합니다. 급여대장을 어떻게 바꿔야 할까요?

항목	기본급	식대	상여금	직책수당	합계
금액(만 원)	140	10	20	20	190

지급하는 급여는 190만 원이지만 최저임금법 위반이 맞습니다. 최저임금 계산에서 제외되는 식대, 상여금, 직책수당을 제외하면 140만 원으로 근로시간(209시간)으로 나누면 시급은 6,699원이 되기 때문입니다.

두 가지 방법이 있습니다.

첫째는 기본급을 40만 원 더 인상하여 기본급이 180만 원이 되면 최저시급 이상이 됩니다.

항목	기본급	식대	상여금	직책수당	합계
금액(만 원)	180	10	20	20	230

두 번째는 상여금과 수당을 기본급에 편입하는 것입니다. 그러면 기본급이 180만 원이 되어 최저시급 이상이 됩니다.

항목	기본급	식대	상여금	직책수당	합계
금액(만 원)	180	10			190

　이런 식으로 급여대장을 관리하면 최저임금법에 위반되지 않습니다. 같은 급여를 주고 있음에도 급여대장을 잘못 기록하면 최저임금법 위반이 될 수 있습니다.

근로계약서에 기재해도 효력이 발생하지 않는 내용

대부분의 경우 근로자와의 분쟁은 사업주가 노동법의 가장 기본적인 것을 숙지하지 못하여 발생합니다. 사업주는 직원을 채용하게 되면 최저임금 이상의 임금을 지급하고, 휴게시간, 주휴시간을 부여해야 합니다. 1년 이상 근무한 근로자가 퇴직을 하는 경우에는 퇴직금을 지급해야 합니다. 이러한 내용은 구두로 계약하는 것이 아니라 서면으로 작성해야 합니다.

- 근로계약서에 기재해도 효력이 발생하지 않는 규정 -

1. 근로자가 근로계약을 불이행하는 경우에 사용자에게 일정액의 위약금을 지급하기로 약정한 규정
2. 근로자가 근로계약을 불이행하는 경우에 손해발생 여부나 실손해와 관계없이 사용자에게 일정액의 손해배상금을 지급하

기로 미리 약정한 규정

(근로자의 부정행위, 사용자가 제3자에게 부담한 실 손해에

대한 구상권 행사를 금지한 것은 아니다.)

3. 사용자가 전차금 기타 근로할 것을 조건으로 하는 전대채권

과 임금을 상계하는 것에 대한 규정

(근로자의 자유의사에 의한 상계는 적용한다.)

4. 근로자의 임금 중 일부를 근로자의 의사에 반하여 저축하도

록 강요하는 규정

　근로계약서에 추가로 기재하면 좋은 내용은 아래와 같습니다. 수습기간을 명시하면 좋습니다. 수습기간 동안은 수습사원이 업무에 부적응할 경우에는 해고가 자유롭기 때문입니다. 3개월 이내의 수습기간에 대해서는 임금을 감액하여 지급해도 됩니다.(감액한 금액이 최저임금의 90% 이상이어야 합니다. 단순노무자의 경우에는 감액할 수 없습니다.)

▶ 단순노무자

경비원, 청소원, 주유원, 매장 정리원, 주방 보조원, 패스트푸드 준비원 등

– 수습기간 작성 예시 –

수습기간	3개월	수습기간 급여	정상급여의 90%

1. 수습기간 종료 14일 이전에 정규직 채용 또는 미채용에 대한 공지를 해야 하며, 별도의 공지를 하지 않은 경우, 자동으로 정규직으로 전환된다.
2. 수습기간 중 근무태도, 업무능력, 건강상태, 복무규율 준수 등을 종합적으로 판단하여 업무수행 부적격, 고객과 분쟁 및 민원발생 등이 있는 경우 사용자는 언제든지 직권으로 본채용을 거부할 수 있다.

퇴직절차를 명시하면 좋습니다. 근로자는 언제든지 자유롭게 회사를 퇴직하고 다른 회사를 선택할 수 있습니다. 사용자가 이를 제한할 수는 없지만 퇴직의 절차를 명시하고 이를 준수하도록 규정은 가능합니다. 규정을 지키지 않고 퇴직을 한 직원은 계약위반에 대한 책임과 무단결근에 따른 징계해고도 가능합니다.

– 퇴직금과 퇴직절차 작성 예시 –

퇴직금	1. 1년 이상 근속한 경우에 지급하며, 근로기준법 및 근로자퇴직급여보장법에 관한 규정을 준수한다. 2. 사용자는 법정퇴직금 이상의 퇴직금을 지급하며, 퇴직연금제도를 설정하여 이를 대체할 수 있다.

퇴직 절차	1. 근로자는 사직일로부터 30일 전에 사직서를 제출하고 업무인수 인계 후 퇴직하여야 한다. 2. 근로자는 사직서 제출과 함께 사용자 소유의 제반 비품을 반납 하여야 한다.

　계약해지 사유를 명시하면 좋습니다. 단시간 근로자의 경우에는 무단결근을 해지의 사유로 하고, 계약직 근로자의 경우에는 계약의 만료, 근무성적 불량 등의 사유가 발생하면 해지를 할 수 있도록 근로계약서에 기재할 수가 있습니다. 취업규칙에도 채용서류의 허위기재, 무단결근, 회사지시 불응 등의 사유를 기재하면 좋습니다.

1. 근로계약기간이 종료되었을 경우
2. 사용자 또는 회사의 재산을 절취 또는 사전 허가 없이 사외
   로 반출한 경우
3. 인사구비서류에 허위사실(경력, 학력, 신원 등)을 기재했을
   경우
4. 업무태도나 근무성적이 극히 불량하고 개선의 여지가 없다고
   판단되는 경우
5. 회사의 허락 없이 불법 집단행동을 주도하거나 가담한 경우
6. 부서가 폐지, 축소되거나 당해 업무의 소멸 또는 작업량 감소
   등 경영상의 사유로 감원이 불가피한 경우
7. 기타(이 계약을 지속하기 어려운 사유가 발생한 경우)

직원의 무단결근에 대비한 사직통보규정

근로기준법 제 23조에 사용자는 근로자에 대하여 정당한 이유 없이 해고, 휴직, 정직, 전직, 감봉 기타 징벌을 하지 못하는 것으로 규정하고 있습니다.

정당한 이유에 의한 해고라도 절차상 하자가 있는 경우에는 해고를 무효로 간주하므로 해고 절차는 반드시 지켜야 합니다.

근로자는 직업선택의 자유와 강제근로를 금지하고 있기 때문에 언제든지 사직의 의사를 표현할 수 있습니다. 그러나 갑자기 그만두게 되면 업무상 많은 지장이 있습니다. 그런 경우를 대비하여 사직통보규정을 만들어 놓으면 근로자의 갑작스런 퇴사로 인한 경영 손실을 줄일 수 있습니다.

– 사직통보규정 –

사직을 원하는 직원은 퇴직일 이전 30일 전에 사용자에게 통보하여 승인을 받아야 합니다. 만약 사전에 통보하지 않아 사용자의 승인을 받지 않은 경우에는 무단결근으로 처리합니다. 무단결근에 대하여 회사 규정에 따른 감봉 등의 처분을 받을 수 있습니다.

근로자가 무단결근을 하여 사용자가 사표를 수리할 수 없게 되면 1개월이 경과해야 사직의 효력이 발생합니다. 임금을 월급제 등 기간급으로 정한 경우에는 사표를 제출한 당기 후의 1임금지급기(그 다음 달)가 경과해야 효력이 발생되므로 퇴직금 지급시기는 많이 지연됩니다.

예를 들어 매월 말일 급여를 지불하는 회사라면 1월 5일 사직서를 제출하고 사용자가 이를 수리하지 않았다면 3월 1일이 퇴직일이 됩니다. 퇴직금은 최근 3개월간의 평균임금으로 계산이 되는데, 무단결근으로 감봉 및 무급으로 처리된 기간이 길수록 평균임금은 축소되어 퇴직금이 줄어들게 됩니다.

"근로자의 능력 부족, 근무태도불량에 대한 법적 기준이 따로 있나요?"

최근 대법원 판례에서는 보험모집인의 거수실적(보험계약을 체결해서 보험료를 입금시킨 실적) 부족과 대학교수의 허위 연구 업적물 제출을 이유로 한 해고는 정당한 해고라고 판단하였습니다.

그러나 일반적인 근로자의 능력이나 실적이 미흡하다 판단되는 경우에는 교육훈련, 배치전환, 대기발령 등 인사처분을 통해 능력을 개발하도록 도와주는 일이 선행되어야 합니다. 업무능력 부족 등을 이유로 한 해고의 판단 기준은 아주 엄격합니다.

법이 보는 시각에서는 근로자가 무단결근을 반복하는 불성실한 근무태도를 가졌다 하더라도 함부로 해고할 수 없습니다. 회사 규정에 따른 감봉 등의 절차가 우선이 되고 해고는 최후의 선택이 되어야 합니다.

"즉시 해고가 가능한 기준은 따로 없나요?"

근로자의 귀책사유에 의한 즉시해고에 대한 기준은 아래와 같습니다.

납품업체로부터 금품이나 향응을 제공받고 불량품을 납품받아 생산에 차질을 가져온 경우, 영업용 차량을 임의로 타인에게 대리운전하게 하여 교통사고를 일으킨 경우, 사업의 기밀이나 그 밖의 정보를 경쟁관계에 있는 다른 사업자 등에게 제공하여 사업에 지장을 가져온 경우, 허위사실을 날조하여 유포하거나 불법 집단행동을 주도하여 사업에 막대한 지장을 가져온 경우, 영업용 차량 운송 수입금을 부당하게 착복하는 등 직책을 이용하여 공금을 착복, 장기유용, 횡령 또는 배임한 경우, 제품 또는 원료 등을 몰래 훔치거나 불법 반출한 경우, 인사(경리, 회계) 담당 직원이 근로자의 근무상황 실직을 조작하거나 허위 서류 등을 작성하여 사업에 손해를 끼친 경우, 사업자의 기물을 고의로 파손하여 생산에 막대한 지장을 가져온 경우, 그 밖에 사회통념상 고의로 사업에 막대한 지장을 가져오거나 재산상 손해를 끼쳤다고 인정되는 경우 등이 있습니다.

직원의 각서가 법적 효력이 있나요?

"직원이 돈이 급히 필요하다고 퇴직금을 먼저 받고 싶다고 합니다. 직원은 퇴직 시 퇴직금을 절대 청구하지 않겠다는 각서를 쓰겠다고 하는데 어떻게 할까요?"

갑과 을이 모두 자유의사로 합의하여 쌍방 모두가 좋은 것을 '계약자유의 원칙'이라 합니다. 그러나 근로기준법의 대다수는 '강행규정'으로 당사자의 의사와는 관계없이 적용됩니다. 강행규정에 위배되는 내용을 포함한 당사자간의 합의, 동의서, 각서 등은 모두 무효입니다.

질문의 경우도 근로자퇴직급여보장법 조항은 강행규정입니다. 그러기에 직원이 적은 각서 또한 효력이 없습니다.(공증을 받았다 해도 마찬가지입니다.)

"옆집 사장님은 근로계약서를 작성할 때 '직원이 갑자기 그만두면서 회사에 손해가 발생하는 경우에는 1개월분 임금을 받지 않는다'는 조항을 넣어 둔다고 합니다. 적어 두는 것이 좋겠죠?"

갑작스런 직원의 퇴사로 손해가 발생한 경우, 손해배상 청구가 불가능한 것은 아니지만, 직원이 그만두었음으로 인해 손해를 입었다는 것을 입증하기가 매우 어렵습니다. 왜냐면 법은 직원은 언제든지 그만둘 자유를 가진 사람이라고 인정하기 때문입니다.

근로기준법에서는 사용자는 근로계약 불이행에 대한 위약금 또는 손해배상액을 예정하는 계약을 체결하지 못한다고 명시되어 있습니다. 따라서 옆집 사장님의 조항은 무효가 됩니다.

직원과 어떤 이유로 실랑이를 하다가 "계속 그렇게 한다면 관둬."라고 이야기를 했다고 합시다. 화가 나서 한 말이었는데 다음 날 직원이 출근을 하지 않았습니다. 연락을 해도 받지를 않고 그만두었나 보다 생각했는데, 3개월 후에 노동청에서 부당해고 신청이 접수되었다고 연락이 옵니다.

직원이 그만둔 것일까요? 회사가 해고를 한 것일까요? 사직은 직원이 그만두겠다는 의사를 표시한 것이고, 해고는 회사가 그만두라는 표시를 한 것입니다. 직원은 언제든지 근로계약을 해지할 수 있지만, 회사는 정당한 이유가 있어야 해지가 가능합니다.

그만두면서 분쟁이 일어났을 경우에는 해고인지 사직인지가 중요합니다. 해고인가 사직인가를 입증하는 책임은 회사가 입증해야 합니다. 회사가 사직임을 입증하지 못하면 해고한 것이 됩니다.

사직서는 근로계약관계를 끝내는 중요한 문서입니다. 사직서는 꼭 서면으로 받아야 할 의무는 없습니다. 휴대폰 문자메시지나 카톡 등으로도 사직임은 입증이 가능합니다.

외국인 직원 고용절차

"오랜 기간 광고를 내봐도 직원이 잘 구해지지가 않아요. 주변 식당에서는 그런 이유로 외국인을 고용하는데 별도의 절차가 있나요?"

식당에서 외국인을 고용하려면 고용허가를 받아야 합니다. 국내에서 직원을 채용하기 위해서 노력을 했는데 그럼에도 직원을 구하지 못해서 외국인 직원을 채용하겠다는 것을 증명해야 합니다. 이런 사실이 증명되면 유흥주점, 출장 음식업종을 제외한 대부분의 일반 음식점은 외국인을 채용할 수 있습니다.

고용허가신고를 위해서는 비자 확인이 중요합니다. 고용허가를 꼭 받아야 하는 비자는 방문취업 H-2 비자와 방문동거 F-1,재외동포 F-4 비자입니다. 이런 비자를 가진 외국인들은 필수 교육을 받고 고용센터에 등록을 해야 합니다. 식당에서 일하는 대부분의 외국인은 H-2 비자인 경우가 대부분입니다. 만약 배우자가 한국인인 외국인 F-2-1, F-6 비자이거나 영주비자 F-5이면 고용허가를 받을 필요가 없습니다.

고용허가 절차는 고용센터 워크넷에 14일 동안 구인광고를 내거나 벼룩시장 같은 생활정보지에 7일간 구인광고를 내면 됩니다. 그런 후에 사업자등록증과 영업신고증을 가지고 각 지역의 노동센터를 방문하여 특례고용가능확인서를 발급받습니다. 구인이 되면 외국인 직원과 함께 근로계약서, 여권, 외국인등록증, 구직등록필증을 가지고 재방문하여 근로개시 신고를 하면 됩니다.

최근 식당을 방문하면 외국인 알바생들이 자주 보입니다. 한국에 있는 외국인들은 여러 종류의 비자를 가지고 있습니다. 외국인 고용은 비자 유형에 따라 고용 가능 여부가 다르기 때문에 꼭 알아두어야 할 필요가 있습니다.

1. F-5(영주권자), F-6(결혼이민자)는 유흥업을 제외하고 제한 없이 고용이 가능합니다.
2. F-1(학생비자)는 취업활동이 불가능한 비자입니다. 정규직

뿐만 아니라 일용직, 계약직, 아르바이트 등 수익이 발생되는 모든 활동이 불가능한 비자입니다.

3. D-2(유학비자), D-4(어학연수) 소지자는 본인이 다니는 대학 유학생 담당자의 확인을 받아 시간제 취업확인서 신청을 허가 받은 경우에만 아르바이트가 가능합니다.(D-4 비자는 자격변 경일 혹은 입국일로부터 6개월이 경과된 자에 한합니다.) 한 학기 이상을 수강한 학생이어야 하고, 학부 및 어학연수과정 은 주 20시간 이내, 석/박사 과정 혹은 수료 후 논문 준비생 은 주 30시간 이내로 취업 활동이 가능합니다. 공휴일, 주말 그리고 방학기간 중에는 근무시간에 제한을 받지 않습니다.

4. H-2(방문취업) 비자는 서비스업에만 가능한 비자입니다.

5. F-4(재외동포비자)는 단순 노무직에는 고용이 불가능합니다. 예를 들어 식당 주방보조원은 단순 업무이기에 불가능하지 만, 주방장은 전문 업무이기에 고용이 가능합니다.

여행비자로 왔다가 귀국을 안 하고 불법 취업을 하는 경우가 많으니, 비자 확인은 필수입니다. 해당 외국인이 합법 체류자인지, 취업이 가능한가의 여부를 하이코리아 홈페이지(www.hikorea.go.kr)에서 확인 가능합니다.

연차휴가 사용촉진조치

사용자는 연차유급휴가 소멸 6개월 전을 기준으로 10일 이내에 근로자에게 사용하지 않은 휴가일수를 알려주어야 합니다. 이를 연차휴가 사용촉진조치라고 합니다.

근로자는 촉구를 받은 날로부터 10일 이내에 사용 시기를 정하여 사용자에게 통보해야 합니다. 만약 근로자가 휴가 사용 시기를 통보하지 않으면 사용자는 연차휴가 소멸 2개월 전까지 사용 시기를 정해 근로자에게 통보해야 합니다.

위의 조치를 취했음에도 근로자가 휴가를 사용하지 않아 연차가 소멸된 경우에는 사용자는 보상할 의무가 없습니다.

그러나 사용자가 연차유급휴가의 사용촉진 절차를 준수하지 않았다면 미사용 휴가에 대한 보상을 해야 합니다. (근로한 기간이 1년 미만인 근로자, 1년간 80% 미만 출근한 근로자는 대상에서 제외)

"연차휴가는 어떤 기준으로 산정되나요?"

연차휴가는 1년 동안 80% 이상 출근 시 15일이 부여되고 이후에는 2년에 1일씩 가산됩니다. 연차휴가의 한도는 25일입니다.

- 근속연수에 따른 연차휴가 일수 -

근속연수(년)	1	2	3	4	5	10	15	20	25	30
휴가일수(일)	15	15	16	16	17	19	22	24	25	25

1년 미만 근로 또는 연간 80% 이하 출근 시에는 월 개근 시 1일의 연차휴가가 주어집니다.

"80% 이상 출근의 산정 기준은 공휴일을 포함한 건가요?"

1년 동안 법정휴일(주휴일, 근로자의 날), 약정휴일(노사 간에 휴일로 지정한 날, 국경일, 명절연휴, 기타 공휴일 등)을 제외한 사업장의 연간 총 소정근로일수에서 출근한 날이 80% 이상인 경우를 말합니다.

법정휴일, 주휴일, 공휴일

법정휴일이란 주휴일과 근로자의 날(매년 5월 1일)을 말합니다. 주휴일은 1주 동안 소정근로일수를 개근한 경우 1일의 유급휴일을 부여하는 것을 말합니다. 단시간 근로자라 하더라도 1주에 15시간 이상을 근무하면 주휴일을 부여해야 합니다.

1주일 중 소정근로일수가 5일인 경우 법정 유급휴일은 1일(통상 일요일)입니다. 꼭 일요일이 아니어도 되고 매주마다 주휴일이 같아야 하는 것도 아닙니다. 근로계약 체결 시 주휴일을 특정해야 합니다. 주휴일을 변경해야 한다면 사업주가 일방적으로 변경할 수 없고 근로자의 동의를 구해야 합니다.

교대제 근무형태와 같이 특정한 휴일을 주휴일로 정하기가 어려운 경우에는 근로계약서에 '휴일은 근무스케줄 표에 따른다'라고 규정하면 됩니다.

"일용직 근로자도 주휴일을 보장해야 하나요?"

주휴일은 계약 형태에 상관없이 요건을 충족하면 부여해야 합니다. 일용직 근로자라 하더라도 근로관계가 반복되어 일정기간을 계속 근로하여 주휴일의 요건을 충족했다면 주휴일을 부여하고 주휴수당을 지급해야 합니다.

– 휴일에 대한 근로계약서 작성 예시 –

휴일	1. 주휴일은 매주 일요일로 하고 근로자의 날(5월 1일)은 유급휴일로 한다. 2. 제 1항에도 불구하고 1주 동안 소정근로일을 근로하지 않은 경우에는 주휴일을 무급으로 한다. 3. 제 1항에서 정한 휴일이 중복될 경우에는 하나의 휴일로 취급한다. 4. 제 1항의 주휴일과 회사에서 지정한 휴일, 휴가는 업무상 필요에 의해 사전 동의로 다른 근로일로 조정, 대체할 수 있다.
연차	연차휴가에 관한 내용은 근로기준법에서 정하는 연차휴가에 관한 규정을 준수한다.

연차휴가에 대한 규정은 취업규칙에 상세히 정하고, 근로계약서에는 취업규칙에 따른다라고 해도 무방합니다.

"공휴일(빨간날)은 법정휴일이 아닌가요?"

공휴일은 관공서의 공휴일에 관한 법률에 따른 휴일이지 일반 근로자들의 법정휴일이 아닙니다. 공무원들에게 주어지는 휴일입니다. 노사 간 합의하에 유급휴무, 무급휴무로 정할 수 있습니다. 취업규칙 등에 무급휴무로 정한 경우에는 종업원이 출근하지 않으면 임금을 주지 않아도 됩니다. 그러나 유급, 무급을 정하지 않은 경우에는 수년간 관례적으로 근로자를 쉬게 하고 임금을 지급해 왔으면, 해당 공휴일은 유급휴무로 인정하게 됩니다.

근로기준법 시행령의 개정으로 민간기업도 2020년 1월 1일부터는 공휴일을 유급휴일로 근로자에게 부여해야 합니다. (300인 이상 사업장부터 순차적으로 적용됩니다.)

감시 단속적 근로자의 휴게시간

어중간한 3시~5시경 식당을 가면 영업 준비중, 브레이크 타임 등이 붙어 있고 식당 문이 닫혀 있습니다. 예전에는 잘 볼 수 없었던 풍경입니다. 매장에 손님이 없더라도 문을 열어 두고 손님을 언제든 맞이할 수 있는 경우라면 대기시간이 되고, 문을 닫아 둔 경우에는 휴게시간이 됩니다.

대기시간은 근로시간에 포함이 되고, 휴게시간은 근로시간에 포함이 되지 않습니다. 운전기사인 A씨는 사장을 거래처와의 약속 장소인 음식점에 모셔다 드립니다. 사장은 음식점 앞에서 "이따가 봅시다."라고 얘기를 합니다. 이럴 경우에는 A씨는 사장이 나올 때까지 무작정 기다려야 하는 상황입니다. 휴게시간이 아니라 대기시간이 되는 것입니다.

만약 사장이 "2시에 봅시다."라고 말을 했다면 A씨는 2시까지는 자유로운 시간이 되어 휴게시간이 됩니다. 처음의 경우처럼 사장이 시간을 정하지 않으면 대기시간이 되어 임금을 지급해야 합니다.

근로시간은 실 구속시간(출근해서 퇴근할 때까지의 근무시간)을 의미합니다. 즉 회사의 지휘감독하에 있는 시간이 근로시간이 되는 것입니다. 가령 직원이 일찍 출근해서 커피를 마시는 시간은 근로시간이 아닙니다.

휴게시간의 목적은 근로자가 근로함에 있어서 생기는 피로를 회복시켜 근로의욕을 확보 유지하기 위함입니다. 근로자가 자유롭게 이용하는 것이 원칙이며 근로자가 사용자의 지휘 감독으로부터 벗어나 자유로이 사용할 시간을 휴게시간이라 합니다.

근로기준법에는 8시간 근무에 1시간, 4시간 근무에 30분 이상의 휴게시간을 부여해야 한다고 명시되어 있습니다. 실제 근로제공은 없지만 언제 근로제공의 요구가 있을지 모르는 상태에서 기다리는 대기시간은 휴게시간으로 볼 수 없습니다. 근무시간이 4시간을 초과할 경우 30분의 휴게시간, 8시간을 초과할 경우 1시간의 휴게시간을 주어야 합니다.

감시 단속적 근로자란 노동의 강도 및 밀도가 낮고 신체적 피로나 정신적 긴장이 적은 업무에 종사하는 근로자를 말합니다.

수위업무, 화재감시, 물품감시 등과 같이 신체적 정신적 업무의 과중이 없이 감시하는 일을 감시적 근로라고 합니다. 근로형태가 간헐적, 단속적인 일이란 휴게시간과 대기시간이 많은 임원의 운전기사 등을 말합니다.

감시 단속적 근로자는 고용노동부 장관이 승인이 필요하며, 승인을 받은 경우에는 근로기준법상의 근로시간과 휴게·휴일 규정이 적용되지 않습니다. 그러므로 주휴수당과 각종 가산 수당을 지급하지 않아도 됩니다.

권고사직, 정리해고

　사용자 사유에 의한 근로관계의 종료는 사업주가 퇴직을 권유하고 직원이 이를 받아들이는 권고사직과 긴급한 상황에서 이루어지는 정리해고로 구분됩니다.

　권고사직은 근로자가 사용자의 제안을 받아들이는 것이고, 해고는 받아들이지 못하는 것입니다. 서로의 입장 차이가 다름으로 인하여 사업주는 권고사직이라 주장하고 직원은 해고라고 주장하는 경우가 이따금 발생합니다.

　근로자가 노동위원회에 부당해고 구제신청을 하게 되면 사용자는 부당해고가 아닌 쌍방 간의 합의에 의한 퇴사임을 입증해야 합니다. 이런 이유로 권고사직 시 근로자가 직접 작성한 사직서를 반드시 받아 두어야 합니다.

　기업의 긴급한 경영상 필요에 의해서 근로자를 해고하는 것을 정리해고라고 합니다. 근로자에게 아무런 잘못이 없음에도 사용자의 경영사정으로 인한 것이라 엄격한 상황 판단에서 허용됩니다.

"긴박한 경영상 필요란 구체적으로 무엇을 말하나요?"

해고 이외에 다른 경영상의 조치를 취하는 것이 없다라고 판단되는 경우이며 다음과 같습니다. 허가 취소 등 불가피한 사유로 인한 작업부서의 폐지, 경영악화를 방지하기 위한 사업의 양도 및 양수, 영업성적의 악화, 경쟁력의 회복내지 증감을 위한 작업 형태의 변경, 신기술의 도입으로 인한 잉여인원 삭감, 경영합리화에 따른 직계개편 등이 해당됩니다.

TIP 정리해고 절차

1. 사용자는 사전에 정리해고를 피하기 위한 노력을 다해야 합니다. 일부 부서를 폐쇄한 경우라면 다른 부서로 전직시킬 수 없는 사정이 있어야 합니다. 그리고 신규 채용 중지, 임원 수당 삭감, 교대제 근로로의 전환, 희망퇴직 등의 노력을 해야 합니다.
2. 해고 내상의 선정 기준이 합리적이고 공정해야 합니다.
3. 해고 회피 방법과 해고 기준 등에 관해서 사용자는 근로자 대표에게 정리해고를 하려는 날의 50일 전까지 통보 후 협의해야 합니다.
4. 100인 미만 사업장은 1개월 이내에 10인 이상, 100인 이상 1,000인 이하 사업장은 10% 이상을 해고할 때에는 해고 사유와 해고 예정 인원, 근로자 대표와의 협의 내용, 해고 일정을 고용노동부장관에게 신고해야 합니다.

퇴직금 중간정산이 가능?

사용자가 계속근로기간 1년에 대해 30일분 이상의 평균임금을 퇴직하는 근로자에게 지급하는 금액을 퇴직금이라 합니다. 형식적으로 일용 근로계약을 체결하였으나 계속 반복하여 고용해온 일용직 근로자 또는 단기간 근로계약을 계속 반복적으로 갱신 또는 연장하는 경우에도 전체 근무연수가 1년 이상이면 퇴직금을 지급해야 합니다.

"퇴직금을 언제까지 지급해야 하나요?"
퇴직사유 발생일로부터 14일 이내에 지급해야 합니다.

"근로자가 퇴직금 중간 정산을 요구합니다."
근로자퇴직급여 보장법에 의해서 2012년 7월 26일 이후로 퇴직금 중간정산이 금지되었습니다. 그러나 아래의 사유에 해당하면 퇴직금 중간정산이 가능합니다.

무주택자가 본인 명의로 주택을 구입, 주거를 목적으로 전세금을 부담하는 경우, 6개월 이상 요양을 필요로 하는 근로자 및 부양가족이 질병이나 부상한 경우, 천재지변 등으로 피해를 입은 경우, 근로자가 파산선고/개인회생절차 결정을 받은 경우, 단체협약 및 취업규칙 등을 통하여 임금피크제를 실시하는 경우, 근로시간 단축으로 퇴직금이 감소한 경우

"근로계약기간을 1년으로 하여 매년 퇴직금을 포함한 연봉으로
지급해도 되나요?"
퇴직금을 매년 중간정산한 것과 동일한 효과가 있으므로 법으
로 금지하고 있습니다. 만약 상호간의 합의에 의하여 불가피하
게 지급해야 하는 상황이라면 '퇴직금 지급 확약서'를 받아 두어
야 합니다. 향후 노사문제로 법적 분쟁이 발생하면 지급한 퇴직
금을 부당이득으로 하여 반환 청구소송을 진행할 때 필요한 증
거로 활용할 수 있습니다.

2

원천징수

직원 등록을 꼭 해야 할까?

"김 사장님은 인건비를 경비처리하기 위해서 직원등록을 할까 하는데, 직원 입장에서는 급여가 줄어드니 이를 꺼립니다. 아는 사장님은 자기가 직원의 4대보험료를 대납하고 직원 등록을 한다고 합니다. 인건비를 비용처리하지 않으면 종합소득세 폭탄을 맞는다고 하는데 걱정이 이만저만 아닙니다."

인건비를 경비처리하기 위해서는 원천세를 신고, 납부해야 합니다. 그러면 4대보험도 의무 가입이 됩니다. 4대보험은 통상적으로 사업주가 급여의 9%, 근로자가 급여의 8% 정도를 부담하는 구조입니다. 직원 입장에서는 급여의 8%를 받지 못하니 꺼릴 수도 있습니다.

그런데 무조건 인건비를 경비처리하는 것이 득일까요? 사업주가 단순경비율 추계신고 대상자라면 인건비를 경비처리한다는 자체가 의미가 없습니다. 앞장에서 쉽게 공부를 했으니 이해가 되죠?

그리고 질문의 사례처럼 직원의 4대보험까지 대납을 한다면 급여의 17% 정도를 사장님이 부담한다는 것인데, 만약 종합소득세 세율이 15%라면 직원 등록하는 것이 계산상으로는 손해입니다.

예를 들어 직원의 1년 급여가 2,000만 원이고 사장님이 직원의 4대보험까지 대납을 한다고 가정하여 계산해 보겠습니다. 종합소득세 세율을 15%라고 가정했을 때 절세 금액은 2000만 원 × 15% = 300만 원이 됩니다. 그러나 1년 동안 4대보험 부담 금액은 2,000만 원 × 17% = 340만 원이 됩니다.

위의 경우라면 직원 등록을 하게 되면 종합소득세는 절세가 될 수도 있으나, 결론적으로 사장님은 40만 원을 손해 본 것이 됩니다.

세금은 숫자로 계산이 됩니다. 직원 등록을 할지 말지 여부는 추계신고(단순경비율) 대상인지, 사장님의 종합소득세 세율은 몇 %인가에 따라서 결정하면 됩니다. 때에 따라서는 인건비 처리를 위해 직원 등록하는 것이 유리하지 않을 수도 있습니다.

위와 같은 경우가 아니라면 당연히 직원 등록을 하고 인건비를 경비처리하는 것이 득입니다. 단순히 정해진 날에 직원의 계좌로 급여를 입금하였다고 해서 경비처리가 되는 것은 아닙니다.

이번 장에서는 직원의 인건비를 어떻게 경비처리하는가를 살펴보겠습니다.

근로자의 구분

근로자란 직업의 종류와 관계없이 임금을 목적으로 사업장에 근로를 제공하는 사람을 말합니다.

> **▶ 계약기간에 따른 분류**
> 정규직 근로자 : 비정규직 근로자가 아닌 모든 근로자
> 비정규직 근로자 : 계약기간이 있는 근로자, 단시간 근로자, 일용 근로자
>
> **▶ 근로시간에 따른 분류**
> 통상 근로자 : 단시간 근로자와 대비되는 일반 근로자
> 단시간 근로자 : 근무시간이 일반 근로자보다 짧은 근로자
>
> **▶ 4대보험에서의 분류**
> 상용 근로자 : 일용 근로자를 제외한 근로자
> 일용 근로자 : 일일단위의 계약이 체결되는 근로자

인건비 신고는 몇 가지로 구분됩니다. 흔히 정규직으로 불리는 근로소득자, 아르바이트로 여겨지는 일용직 근로자, 프리랜서에게 지급되는 사업소득 및 기타소득, 그리고 퇴직소득 등으로 구분되어집니다.

회계 업무에서 인건비를 지급하는 데 해당되는 인건비 신고를 근로소득으로 해야 할지, 사업소득으로 해야 할지, 또는 기타소득으로 해야 할지 등이 헷갈리는 경우가 종종 있습니다.

일반적으로 고용관계 계약에 따라 비독립적인 인적 용역인 근로를 제공하고 지급받은 소득은 근로소득에 해당됩니다. 고용관계 없이 독립된 자격으로 계속적으로 용역을 제공하고 지급받는 대가는 사업소득에 해당됩니다. 일시적으로 용역을 제공하고 지급받는 대가는 기타소득에 해당됩니다.

TIP 근로소득으로 보는 주요 사례

1. 근로계약이 아닌 연수협약에 의해 연수생에게 지급하는 연수수당
2. 장기근속 근로자에게 지급하는 금품(포상금)
3. 근로자가 근무시간 외에 사내교육을 실시하고 지급받는 강사료
4. 퇴직 후 지급받는 성과금
5. 근로자파견계약에 따라 파견근로자를 사용하는 사업주가 직접 파견근로자에게 별도로 지급하는 수당 등

원천징수의 종류

원천징수를 할 때 소득의 종류별로 원천징수하는 방법이
다릅니다.

근로소득은 종합소득세 대상 중에서 연말정산으로 그 신고
의무가 끝이 나는 소득입니다.

다른 소득은 다음해 5월 납세자가 직접 종합소득세 신고를
해서 신고와 납부를 해야 합니다.

다른 소득은 대부분 원천징수 세율로 정해져 있어서 단순
하게 계산되지만, 근로소득은 소득금액과 가족수에 따라 결
정됩니다.

사업소득은 장부를 기록하고 다음해 5월 종합소득세 신고
를 통해 납부를 해야 합니다. 프리랜서, 의료보건용역(건강보
험공단, 지방자치단체, 보험회사 등이 지급하는 경우)의 경우에 원천
징수를 하고 지급하는 것이 일반적입니다. 원천징수세율은

지급하는 소득의 3.3%(소득세 3% + 지방세 0.3%)입니다. 사업소득을 지급하는 사업자는 지급하는 소득의 3.3%를 원천징수하고, 사업자에는 나머지를 지급합니다.

기타소득은 다른 소득에 포함되지 않는 소득입니다. 기타소득의 원천세율은 22%(소득세 20% + 지방세 2%)입니다. 인적용역 기타소득에 해당하면 60%의 경비를 인정받습니다. 예를 들면 100만 원의 기타소득이 발생하면 60만 원의 경비를 인정받아 소득은 40만 원이 되어 22%인 88,000원을 원천징수하게 됩니다.

상용 근로자의 원천징수

소득금액을 지급하는 자가 소득을 지급할 때 근로자의 세액을 징수하여 국가에 대신 납부하는 것을 원천징수라고 합니다.

근로자는 계약에 따라 상용 근로자와 일용 근로자로 나누어집니다. 상용 근로자에게 급여를 지급할 때 근로소득간이세액표(국세청 홈페이지에서 확인 가능)에 의해 소득세 및 지방세를 원천징수하게 됩니다.

원천징수한 세액은 다음 달 10일까지 국세청에 납부해야 합니다.

– 근로소득자 간이세액표 예시 –

월급여액(단위 : 원) (비과세소득 제외)		공제 대상 가족의 수				
이상	미만	1	2	3	4	5
2,000,000	2,010,000	19,520	14,750	6,600	3,220	0
3,000,000	3,010,000	84,850	67,350	32,490	26,690	21,440
4,000,000	4,010,000	211,160	183,150	124,800	106,050	89,190
5,000,000	5,010,000	363,910	325,150	256,300	237,550	218,800

만약 공제 대상 가족이 1명인 상용 근로자에게 월 200만 원의 급여를 지급할 경우 매월 19,520원의 소득세와 1,950원의 지방세를 원천징수하여 세무서에 납부하면 됩니다.

비과세되는 근로소득

근로소득이란 근로계약에 의해 근로를 제공하고 지급받는 대가로 급여, 세비, 상여금 등을 말합니다.

원 이하인 경우, 연간 240만 원 이하의 수당이 비과세)

6. 기타

　장해급여, 유족급여, 실업급여 등, 근로자 본인의 학자금, 출산, 6세 이하 자녀 보육 수당(월 10만 원 이내의 금액)

　예를 들어 300만 원의 급여를 받는 근로자의 경우 본인 소유의 차량을 업무에 사용하면 20만 원이 비과세 적용되고, 점심 식사를 회사에서 지원하지 않는다면 추가로 10만 원이 비과세 되고, 5세 미만의 자녀가 한 명 있다면 추가로 10만 원이 비과세 적용됩니다. 따라서 40만 원의 비과세를 제외한 260만 원을 기준으로 원천징수하여 세금을 계산합니다.

일용직 근로자의 원천징수

"정식 직원과 일용직 직원을 구분하는 기준이 있나요?"

하루를 단위로 일당을 받는 노동자나 고용 계약기간이 정해져 있는 기간제 노동자를 일용직 근로자라고 합니다. 세법에서는 3개월 이상 근무하는 경우에는 상용직으로 보니 3개월 근무 기간을 일용직과 상용직을 구분하는 기준으로 봐도 무방할 듯합니다.

일용직 근로자의 일당 15만 원까지는 비과세가 됩니다. 15만 원 이상을 받는 경우에는 원천징수하여 다음 달 10일까지 관할 세무서에 납부해야 합니다. 그리고 매년 2월, 4월, 7월, 10월 말까지 전 분기에 대한 일용직 지급명세서를 제출해야 합니다.

일용직 근로자가 산재가 발생한 경우 보상액을 산출해야 하는데 산재보상액은 평균임금을 기초로 합니다. 일용직의 평균임금은 월급제 근로자처럼 3개월 평균으로 산출할 수가 없습니다. 일용직은 일이 있을 때도 있고 없을 때도 있기 때문입니다.

이러한 이유로 일용직의 산재보상 시 일용직의 평균 임금 산출 방법은 통상적으로 한 달 동안 약 22일 정도를 근무한다고 보고, 통상근로계수 73/100을 적용합니다. 가령 일용직 일당이 10만 원이라면, 1일 평균임금은 10만 원 × 73/100 = 7만3천 원으로 계산됩니다.

일용직 비과세 기준 금액 인상

2019년 1월 1일부터 일용직 비과세 한도가 15만 원으로 상향 조정되었습니다.

– 일용직 세금 계산 방법 –

소득세 = (일급여 − 15만 원) × 6% × (1 − 0.55)%

지방소득세 = 소득세 × 10%

위 공식으로 계산해 보면 일용직 일당이 15만 원 이상의 임금이라면 세금이 과세됩니다. 일용직 일당이 15만 원이 넘어가더라도 세금을 내지 않는 경우도 존재합니다.

예를 들어 일당이 187,000원이라 가정해 보면,

(187,000원 − 150,000원) × 6% × (1 − 0.55)% = 999원

그런데 세법에서는 소액부징수라는 규정이 존재하여 세금

이 1.000원 미만이면 징수하지 않게 됩니다. 다만 한 달 중 187,000원의 일당을 받는 날이 하루라면 소액부징수규정이 적용되지만, 187,000원으로 10일 근로를 제공했다면 9,990원으로 규정이 적용되지 않고 분리과세가 됩니다.

일용직 근로자에게 소득을 지급하였다면 이에 대한 지급명세서를 제출해야 합니다. 지급명세서를 제출해야 일용노무비 비용을 인정받을 수 있습니다. 이를 제출하지 않으면 지급 총금여액의 1%가 가산세로 부과됩니다.

지급명세서에는 근로자의 인적사항(성명, 주민등록번호, 주소)과 사업체의 직종, 노무제공일수, 노무비총액, 소득세, 주민세, 차감지급액, 영수인 등을 기재해야 합니다.

지급명세서 제출 기한은 해당 노무비를 지급한 지급일이 속하는 분기의 마지막 달의 그 다음 달 10일까지로 변경이 되었습니다.(휴업, 폐업 또는 해산한 경우에는 사유발생일이 속하는 달의 다음 달 10일까지)

예를 들면 1분기(1월~3월) 노무비를 지급하면 4월 10일까지 지급명세서를 제출해야 합니다. 종전에는 말일까지였지만 앞당겨진 만큼 잘 챙겨 가산세를 무는 일이 없어야겠습니다.

원천징수 대상 소득에 대한 신고, 납부정리

상용 근로자 또는 프리랜서를 고용하고 근로소득 또는 사업소득을 원천징수하고 나서 지급명세서를 제출해야 합니다. 종전에는 1월~12월의 근로소득, 사업소득 지급명세서를 연 1회 제출하였는데, 2019년부터는 근로장려금 반기 지급 제도가 시행되기에 연 2회 제출을 해야 합니다.

1월~6월 근로소득, 사업소득 지급명세서는 7월 10일까지 제출을 해야 하고, 7월~12월 근로소득, 사업소득 지급명세서는 다음 해 1월 10일까지 제출을 해야 합니다. 제출 기간을 넘기면 1%의 가산세가 부과됩니다.(제출기한이 지난 후 3개월 이내에 제출하면 0.5%의 가산세가 부과됩니다.)

지급명세서에 기록 사항은 인적사항, 근무기간, 지급금액 등을 기재하면 됩니다. 원천징수 대상 소득에 대한 신고, 납부를 정리해 보았습니다. 다음 표를 참고하세요.

구분	소득종류	신고, 납부
근로소득	급여, 상여금	간이세액표에 의한 매월 급여에서 원천징수. 다음 달 10일까지 원천징수이행상황 신고, 납부. 다음 연도 2월 급여 지급 시 연말정산
일용근로소득	일용 근로자	다음 달 10일까지 일용근로소득 원천세 신고, 납부
퇴직소득	퇴직금, 퇴직위로금	퇴직소득 과세표준에 원천징수세율을 적용하여 계산한 소득세를 원천징수하고 다음 달 10일까지 신고, 납부
기타소득	상금, 당첨금, 원고료, 인세, 강연료, 사례금, 위약금과 배상금, 서화, 골동품 양도소득	기타소득금액에 원천징수세율을 적용하여 계산한 소득세를 원천징수하고 다음 달 10일까지 신고, 납부
사업소득	프리랜서 인적용역	지급금액에 원천징수세율을 적용하여 계산한 소득세를 원천징수하고 다음 달 10일까지 신고, 납부
이자, 배당소득	은행예금이자 배당금 비영업대금이익	지급금액에 원천징수세율을 적용하여 계산한 소득세를 원천징수하고 다음 달 10일까지 신고, 납부

인건비를 현금으로 지급한 경우 비용처리

인건비를 지급하거나 사업과 관련한 지출을 했는데도 사업용계좌를 통한 계좌이체가 아니라 현금으로 지급해야 하는 경우가 있습니다.

실제 사업을 하다 보면 현금으로 지급해야 하는 경우가 이따금 생기게 마련입니다.

이렇게 현금으로 지급한 경우 세법상 비용처리가 되는지, 가산세가 부과되지는 않는지에 대해 알아보겠습니다. 원칙적으로는 사업용계좌의무사업자는 가산세의 대상이 됩니다. 사업과 관련이 없는 경우는 당연히 비용처리는 되지 않습니다.

그러면 어떤 경우에 사업용계좌를 사용하지 않아도 가산세가 부과되지 않는지 알아보겠습니다.

근로자가 신용불량자 또는 외국인 불법체류자, 건설직에

종사하는 국민연금 가입대상이 아닌 일용직 근로자의 경우에는 사업용계좌를 통한 계좌이체가 아니라 근로자에게 직접 현금으로 임금을 지급해도 가산세 없이 비용처리가 가능합니다.

하지만 비용 지출에 대한 객관적인 사실이 확인 가능해야하므로 임금대장, 신분증사본, 수령증 등을 작성하여 별도로 보관해야 합니다.

"제조업을 하고 있습니다. 외국인 불법체류자를 채용하고 임금을 지급하였습니다. 인건비를 필요경비 처리해도 되나요?"

결론부터 얘기하면 가능합니다. 불법체류 근로자가 관계 당국에 적발되면 벌금을 물거나 국외로 추방될 수 있지만, 업무와 관련해서 실제로 인건비를 지급했다는 사실을 입증할 수 있으면 필요경비 처리가 가능합니다.

필요 서류는 급여를 지급했다는 내역(통장내역, 현금수령 확인증 등), 근무한 사실 입증 내역(근로계약서, 근무일지 등), 신분증 사본(여권, 외국인등록증) 같은 증빙 서류는 필수입니다. 인건비 신고는 일반 직원과 동일하게 진행되고, 외국인등록번호가 없는 경우라면 여권번호나 거주지국의 납세번호로 신고하면 됩니다.

불법체류자를 고용하면 사업주에게도 불이익이 있으니 경비처리 여부를 떠나 잘 알아보고 판단해야 합니다.

3

4대보험

역지사지

법륜 스님의『엄마 수업』이라는 책의 한 구절입니다.

'모든 엄마들은 아이가 1등이 되길 원하고 우등생이 되기를 원하는데 본인은 그랬나요? 엄마 본인은 그러지 못했으면서 왜 아이한테는 강요를 하는 걸까요? 그걸 사랑이라고 말하는데 사랑이 아니에요. 집착일 뿐이죠. 아이 입장이 돼서 봐줘야 해요.'

'역지사지'라는 한자 성어가 있습니다. 쉽게 풀이하면 다른 사람의 입장에서 생각하라는 뜻입니다. 소통을 함에 있어서 '역지사지'는 꼭 필요합니다.

소통의 시작은 서로 다름을 인정함에서 출발해야 합니다. 서로가 다름을 인정할 때 상대의 얘기가 들리고, 비로소 경청이라는 것을 할 수가 있습니다. 종종 '소통을 해 볼까'로 시작을 했는데, 끝은 싸움으로 끝나는 것을 보곤 합니다.

서로의 다름을 인정하지 않고, 귀를 닫은 채로, 자신의 생각이 옳으니 상대를 설득하려고 합니다. 그러다 보면 상대는 점점 더 답답해지고, 결국은 감정적으로 치닫게 됩니다.

"직원이 4대보험 가입을 원치 않네요. 좋은 방법 없을까요?"

4대보험 가입은 선택이 아니고 의무가입입니다. 직원 입장에서는 급여가 줄어드니 가입을 원치 않는 경우가 많이 발생합니다. 사업주 입장에서는 필요경비 처리를 해야 하니 가입을 하는 것이 낫고, 직원은 급여가 줄어드니 가입을 원치 않는 것입니다. 직원에게 설득이 필요합니다. 설득 시 직원의 입장에서 설득을 하는 것이 어떨까요?

내가 필요경비 처리를 하기 위해서라는 표현보다, "당신이 고용보험에 가입을 하게 되면 퇴직 후 실업급여도 받을 수 있고, 근무 중에 다쳤을 때 산재로 보험처리도 가능하다. 그러니 가입을 하는 것이 어떨까?" 하고 말이죠. 설득의 시기는 면접을 볼 때가 제일 좋습니다. 근무한 기간이 길면 길수록 설득하기가 어려워집니다.

직원 등록은 세무서와 공단 양쪽 모두에
신고해야 합니다

직원에게 급여를 지급하고 직원 등록을 해야 하는 경우에는, 세무서와 공단 모두에 신고를 해야 합니다. 사업주가 직원 등록을 하는 이유는 인건비를 필요경비 처리를 하기 위해서입니다. 단순히 인건비를 처리하기 위한 목적이라면 세무서에 원천세 신고만 해도 필요경비 처리는 가능합니다.

"그러면 공단에 4대보험 가입은 하지 않아도 필요경비 처리는 가능한가요?"

이론상으로는 가능합니다. 그러나 국세청의 전산과 공단 전산은 연동되기에 드러납니다. 원천세 신고를 3년간 하였다면, 추후 3년간의 4대보험 누락 금액은 한번에 추징을 당합니다. 또 많이 적발되는 경우는 국민건강보험공단에서 3년에 한 번씩 사업장 지도 점검을 나올 때입니다.

종종 몇 년 치 4대보험 누락 금액의 미납으로, 사업주의 재산이 압류를 당하는 경우를 보곤 합니다. 직원 등록은 세무서와 관리공단 모두에 신고를 해야 합니다.

요즘 누구 할 것 없이 힘드시죠? 사업을 하다 보면 사업체는 계속 운영하지만 여러 이유로 매출이 저조할 때가 있습니다. 이럴 땐 최장 6개월간 유예가 가능한 국민연금 납부유예 제도를 눈여겨 보세요. 신청도 아주 간단합니다.

관할 지역센터에 전화해 납부유예 신청을 하고 안내받은 팩스나 메일로 확인서 작성 후 다시 팩스나 메일로 발송 후 확인 전화만 한 번 더 하면 됩니다. 그럼 6개월은 연금을 미룰 수 있습니다.

납부 예외라는 제도도 있습니다. 지역가입자로서 폐업 또는 휴업으로 매출이 없을 때, 이런 상황이라도 여유가 있으면 똑같은 금액의 연금을 계속 납입할 수 있겠지만, 수입이나 매출이 없을 땐, 이 금액도 사실 부담될 때가 있습니다. 수입과 매출이 전혀 없을 땐 3년 단위로 납부 예외 신청이 가능합니다.

4대보험 사업장 신고

세법에서는 실질적으로 근로를 제공하고 근로한 급여를 받는다면 가족도 근로자로 인정하고 있습니다. 가족은 특수관계자이므로 다른 직원에 비해 과도한 급여를 책정하여 필요경비를 처리하면 과다경비로 보여질 수 있으니 주의하셔야 합니다.

개인사업자는 지출하는 인건비만큼 필요경비가 늘어나서 소득세를 줄일 수 있습니다. 가족을 직원으로 고용하는 경우에도 4대보험에 가입해야 합니다. 근로기준법에서는 가족을 근로자로 보지 않기에 고용보험과 산재보험은 가입할 수 없습니다. 그러나 국민연금과 건강보험은 납부를 해야 합니다.

"1인사업장입니다. 건강보험료가 지역가입자로 책정되어 부담이 됩니다. 가족을 직원으로 등록을 하면 어떤 이점이 있나요?"

가족을 고용하여 근로자가 1명이라도 생기면, 건강보험료가 직장가입자로 전환이 되어 절감 효과를 볼 수 있습니다. 더불어 직원의 식대비는 복리후생비라는 계정을 통하여 부가가치세 매입세액공제도 가능합니다. 종합소득세 신고 시 인건비를 지출하였으므로 필요경비 처리도 가능합니다.

가족을 직원으로 등록하여 필요경비 처리를 하기 위해서는 급여를 지급한 날의 다음 달 10일까지 원천세 신고를 해야 합니다.

건강보험과 국민연금의 사업자부분 납부는 물론, 지급명세서를 제출하여 직원임을 증빙하는 것이 중요합니다.

"4대보험 가입은 어떻게 하는 건가요?"

직원을 채용 후 4대보험에 가입하기 위해선 우선 사업장에 대한 신고를 하고, 이후 각 개인별로 자격취득 신고를 해야 합니다.

사업장 신고서는 법령정보시스템(law.co.kr)에서 '국민연금법 시행규칙'을 검색 후 '별지 제3호서식'을 다운받아 작성 후 국민연금공단, 건강보험공단, 고용보험관리공단, 산재보험

관리공단 중 1곳의 해당 지점에 우편 또는 팩스로 신고하면 4대보험을 일괄 신고할 수 있습니다.

이후 근로자는 각 관청별로 아래와 같은 기간 내에 신고를 하여야 합니다.(건강보험, 고용보험, 산재보험은 입사일로부터 14일 이내, 국민연금은 입사한 달의 다음달 15일까지)

프리랜서는 지역가입자

    4대보험은 국가에서 모든 국민에게 의무적으로 가입하도록 한 국가보험입니다. 국민연금, 건강보험, 고용보험, 산재보험이 해당됩니다. 모든 국민은 가입 형태에 따라 아래와 같이 구분됩니다.

직장가입자 – 사업장에 고용된 근로자와 그 사용자(고용주)
피부양자 – 직장가입자에게 생계를 의존하여 보험료를 내지 않는 국민
지역가입자 – 직장가입자가 아닌 개인사업자 등 소득이 있는 모든 국민

    직원이 없는 개인사업자는 지역가입자인 것입니다. 프리랜서의 경우도 지역가입자로 분류됩니다.

보험료는 가입 형태에 따라 산정되는 방식이 다릅니다. 아래와 같습니다.

직장가입자 – 근로소득의 일정 비율을 납부
피부양자 – 납부하지 않음
지역가입자 – 소득과 보유 재산에 따라 납부

가족 구성원 중 직장가입자가 없는 경우는 모두가 지역가입자로 분류되어 모든 가족은 보험료를 납부해야 합니다. 세대주에게 일괄 청구됩니다.

개인사업자 4대보험요율표

"직원을 고용하면 무조건 4대보험에 가입해야 하나요?"

직원을 단 한 명만 고용해도 반드시 4대보험에 가입을 해야 합니다. 4대보험 적용 제외대상을 아래표로 정리하였습니다.

구분	국민연금	건강보험	고용보험	산재보험
연령	만 18세미만 만 60세이상	제한없음	만 65세 이후 신규취업자	제한없음
초단시간 근로자 (주 15시간 미만, 월 60시간 미만)	적용 제외	적용 제외	적용 제외	적용
일용직 근로자 (1개월 미만)	적용 제외	적용 제외	적용	적용

- 개인사업자 4대보험요율표 -

구분	보험요율(%)		
	근로자	사업주	합계
국민연금	4.5	4.5	9.0
건강보험	3.335	3.335	6.67
장기요양보험(건강보험료의 10.25%)	0.34	0.34	0.68
실업급여	0.825	0.825	1.65
고용안정/직업능력개발사업	-	0.25	0.25
산재보험(전액 회사부담, 업종별 상이, 전문기술 서비스업일 경우)	-	0.7	0.7
합계	9.0	9.95	18.95

2020년 건강보험료와 고용보험료가 동시에 인상되었습니다. 급여를 기준으로 근로자의 4대보험부담율은 9%, 사업주의 부담률은 9.95%가 됩니다.

가령 직원이 비과세 급여를 제외하고 월급 200만 원을 받는다면,

사업주 부담금액은 200만 원 × 9.95% = 199,000원

근로자 부담금액은 200만 원 × 9% = 180,000원

근로자는 월급의 9%인 18만 원의 4대보험부담금과 원천

징수세액 등을 공제한 후 급여를 지급받게 됩니다. 사업주는 약 10%(대략 20만 원) 정도의 직원분 4대보험료를 부담해야 합니다.

4대 사회보험정보연계센터(www.4insure.co.kr)에서 4대보험 금액을 간단하게 계산할 수가 있습니다.

1. 4대 사회보험정보연계센터 홈페이지 메인화면에서 자료실을 클릭합니다.
2. 자료실에서 보험료 모의계산을 클릭합니다.
3. 보험료 모의계산에서 국민연금을 클릭합니다. 월 급여를 입력하면 국민연금보험료가 자동 계산됩니다.

같은 방법으로 국민건강보험료도 계산이 가능합니다.

4대보험료를 줄이는 방법

4대보험은 선택이 아니라 의무 사항이기에 내지 않을 방법은 없습니다. 그러나 비과세 급여를 이용하여 줄일 수는 있습니다. 더불어 10인 이하의 개인사업자라면 일정 요건을 충족할 경우 두루누리 지원사업을 활용하는 것도 좋은 방법입니다.

직원이 없는 1인 사업자는 건강보험과 국민연금보험이 지역보험으로 나오게 되고 고용보험은 선택사항입니다. 그런데 직원을 한 명이라도 채용하게 되면 국민연금과 건강보험을 직장가입으로 할 수가 있어 4대보험을 줄일 수가 있습니다.

국민연금의 경우 최초 가입 시 직원에게 수습기간을 두고 월급을 낮게 책정하면 수습기간이 끝나고 본래 월급을 주어도 국민연금은 정산하는 개념이 아니기에 그해 국민연금 보험료를 줄일 수 있습니다.

만약 직장을 다니면서 사업을 하는 경우에는 국민연금, 건강보험이 지역에 비해 직장이 우선하므로 직장건강 보험료를 내면 됩니다.

"매달 지출되는 4대보험료도 비용처리가 가능한가요?"

4대보험료도 비용의 개념이기 때문에 당연히 비용처리가 가능합니다.

고용보험은 실업급여와 고용안정 그리고 직업 능력 개발사업을 위한 보험료, 이렇게 3가지로 나눕니다. 실업급여 보험료는 사업주와 직원이 반반 부담하지만 고용안정과 직업 능력 개발사업을 위한 보험료는 사업주가 전액을 부담합니다. 직원 부담분에 대해서는 급여 지급 시 공제하여 지급하며, 사업주가 부담한 부분에 대해서는 비용처리가 가능합니다.

산재보험은 직원 부담분이 없기 때문에 사업주가 전액 부담합니다. 모두 비용처리가 가능합니다.

국민연금 보험료는 사업주와 직원이 각각 부담합니다. 직원 부담금은 급여 지급 시 공제하여 지급하고, 사업주가 부담한 것은 비용처리가 가능합니다.

사업주 본인의 국민연금 보험료는 연금보험료이므로 소득

공제 항목에 포함되어 소득 공제가 가능합니다.

건강보험료는 사업주와 직원이 반반 부담하며, 사업주가 부담한 부분은 비용처리가 가능합니다.

사업주 본인의 건강보험료는 전액 비용처리가 가능합니다.

산재처리, 실업급여

"근무하는 직원이 사업장에서 넘어져서 다쳤습니다. 산재 보험으로 처리가 되나요?"

산재보험에 가입이 되어 있으면 병원 치료비를 사장님이 지급하지 않아도 됩니다. 과실의 유무를 따지지 않습니다. 단 산재처리는 사업주가 아니라 직원 본인이 진행하는 것이 원칙입니다.

산재처리가 승인되면 치료비, 산재 기간 중 평균임금의 70%에 해당되는 휴업급여, 잔존 장해에 대한 장애 급여, 재발 시 재요양비 등의 혜택을 근로복지공단으로부터 받을 수가 있습니다. 사고 경위에 대한 목격자 진술서, 고용관계, 임금수준 등의 근거 자료를 확보해 두어야 합니다.

"직원이 그만두기로 했는데 실업급여를 받을 수 있도록 권고사직으로 처리를 해달라고 합니다. 좋은 게 좋은 거라고 그냥 그렇게 해 줄까요?"

권고사직이란 경영 등의 이유로 사업주가 먼저 사직을 권하고 직원이 합의를 해서 근로계약이 종료되는 것을 말합니다. 자진 퇴사를 거짓으로 권고사직으로 신고해서 실업급여를 받게 처리를 하면 추후에 고용 관련 지원금 혜택을 받지 못할 수도 있습니다.

공단의 일용직 근로자 판단 기준

근로자를 일용직으로 등록하면 사업주는 국민연금과 건강보험을 의무적으로 가입히지 않아도 됩니다.(1개월 이상 고용하면 의무가입 대상입니다.)

동시에 근로자도 일용직 소득은 분리과세 대상이니 종합소득세 신고를 하지 않아도 됩니다. 어떻게 보면 직원을 일용직으로 등록을 하면 사업주와 근로자 모두에게 득이 됩니다. 그래서 사업주 입장에서 비용 처리를 위해 4대보험 가입 의무도 없는 일용직을 허위로 신고하는 경우도 많았습니다.

직원을 일용직으로 신고하게 되면 사업주는 고용 · 산재보험만 가입하면 되니 4대보험의 부담이 적고, 근로자는 일용직소득은 하루 15만 원을 넘지 않으면 비과세가 되고 종합소득세 신고도 하지 않으니 일석이조일 수가 있습니다. 과거에는 이런 점을 잘 활용하여 정규직 직원도 일용직으로 많이 신고를 하였습니다.

최근에는 4대보험을 관할하는 공단에서 이를 엄격히 다루는 편입니다. 현재의 공단 기준은 한 달에 8일 이하로 일을 해야 하고, 급여도 80만 원 이하일 경우 일용직으로 봅니다.

일용직 근로자의 판단 기준은 세법과 4대 보험 공단이 제시하는 기준이 다릅니다. 세법상 일용직 근로자로 해당되어 일용직 근로자로 국세청에 세금신고를 하면 해당 자료는 4대 보험공단으로 넘어갑니다.

4대 보험공단 기준으로 일용직이 아니라고 판단되면 미신고 4대보험료가 사업주에게 부과됩니다. 그러므로 일용직 근로자에 대해서는 세법상 기준보다는 4대 보험공단 기준에 맞추어 신고하는 것이 바람직합니다.

- 일용직 근로자의 구분 기준 -

세법 - 3개월 미만 계속 근로하는 자

4대 보험 - 1개월 미만 근로하는 자

국민연금 - 1개월간 8일 미만이고 월 60시간 미만 근로하는 자

폐업 신고만 했다고 끝이 아닙니다

폐업을 하는 경우 신고하는 것으로 끝이 아닙니다. 폐업을 한 달을 기준으로 다음달 25일까지 부가가치세 신고를 하여야 하고, 다음 해 5월에는 종합소득세 신고를 해야 합니다.

면허 또는 허가증이 있는 사업인 경우에는 면허를 발급받은 기관에 폐업 신고를 해야 면허세가 부과되지 않습니다. 폐업 신고 후 폐업증명을 발급받아 국민연금관리공단, 건강보험공단에 제출해서 보험료를 조정하는 것도 필수입니다.

"폐업 후 세금신고는 하였는데, 장사가 안 되어서 폐업을 한 관계로 세금이 체납되었습니다."

체납자가 사업자등록을 신청하면 사업자등록증을 교부하기 전에 임차보증금이 압류될 수도 있습니다. 체납기간 중에 재산을 취득하면 압류 후 공매처분을 진행할 수도 있습니다.

체납세액이 5,000만 원 이상이면 출국금지가 될 수도 있습니
다. 체납세액이 500만 원 이상인 자는 신용정보기관에 명단
이 통보되어 금융거래에 제한을 받을 수도 있습니다.

국민연금과 건강보험은 당월 1일 입사자만 보험료가 고지됩니다. 1일 이후 입사자는 당월 고지 여부를 선택할 수 있으므로 이를 잘 활용하면 한달치 보험료는 절약할 수 있습니다. 따라서 매월 1일만 피해 직원을 채용하면 그 달에는 보험료를 내지 않아도 됩니다.

많은 경우 사장님들이 면접을 보고, "맘에 드니 다음 달 1일부터 출근하세요."라는 말을 하는데, 1일만 피하면 그 달 금액 정도는 아낄 수 있지 않을까요?

월급이 200만 원인 직원의 사업자가 부담해야 할 국민연금 금액은 200만 원×4.5%=9만 원이고, 건강보험료는 200만 원×3.12%+(200만 원×3.12%×7.38)=67.000원입니다.

1일만 피하면 157,000원을 아낄 수 있습니다.

에필로그

두 가지 목적으로 집필을 하였습니다.

첫째는 '무조건 쉽게 쓰자'입니다.
둘째는 '사장님들의 입장에서 쓰자'입니다.

알고 맞는 매는 모르고 맞는 매보다 아프지 않습니다. 모르고 맞는 세금 폭탄은 정말 아프고 경우에 따라서는 운영하는 사업에 심각한 결과를 초래할 수도 있습니다. 책을 읽은 당신은 이제 세금에 관해 자신이 붙었으리라 생각됩니다. 한번 더 강조하지만 부가가치세는 매출이 아무리 커도 세무대리인 없이 직접 신고가 가능합니다. 부가가치세는 단 하나의 공식으로만 계산이 되기 때문입니다.

한번 복습해 볼까요?

부가가치세 = 매출세액 – 매입세액

어느 누구도 사장님의 절세를 원하지 않습니다. 절세는 세금을 줄여서 적게 납부한다는 의미입니다. 사장님들이 똑똑해져서 절세를 한다면 국가의 세수가 줄어든다는 의미인데 과연 나라에서 원할까요? 국가에서 절세법을 가르쳐주지 않는 이유이기도 합니다.

이 책을 통해 배운 세금 계산법에서 절세는 곧 벌기 위해 쓴 돈(비용)이 늘어나는 것을 말합니다. 세무대리인들의 입장에서는 일거리가 늘어나는 것이죠. 일거리가 늘어나면 자연스럽게 수임료가 커져야 하는데 그들이 처한 현실은 그렇지 못합니다. 과연 세무대리인은 사장님의 절세를 바랄까요?

사장님이 세금 공부를 해야만 하는 이유입니다. 절세는 사장님의 세무 지식과 비례합니다. 많이 알면 세금은 줄고 반대로 모르면 세금은 늘어날 수밖에 없습니다. 전문가를 고용한다고 해서 세금이 줄지는 않습니다. 이 책을 읽은 사장님은 더 이상 전문가에게 의지하지 않고 제대로 부릴 수 있을 것입니다.

그들을 제대로 부리는 만큼 세금은 줄어듭니다. 그러기 위해서는 이 책 정도의 지식은 필수입니다.

딱 두 번만 읽어보세요. 사장님의 세금은 무조건 줄어듭니다.